MANON BARA

En chair et en noces

Entre gourmandise et cruauté

c
f
éditions
c

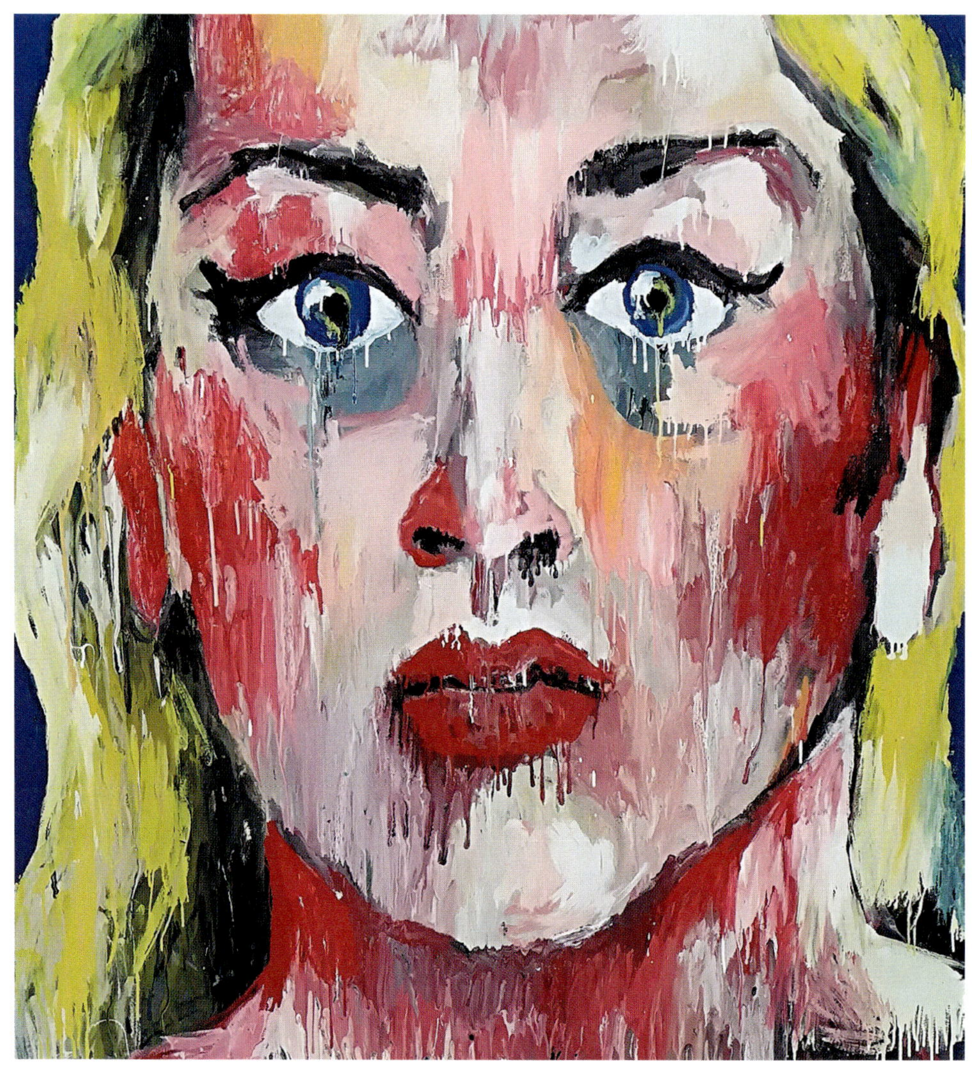

Hans Theys

La peinture blonde

Quelques paroles de Manon Bara

Manon Bara est née en France en 1985. Je l'ai rencontrée pour la première fois en 2010. Sa liberté dans le sujet et sa précision dans la forme m'ont saisi au premier coup d'œil. Bara est une artiste. Non pas parce qu'elle fait de beaux dessins et de magnifiques tableaux, mais parce que son rapport au monde est dense, direct, passionné et engagé. Son engagement est poétique et politique : elle aime les gens, les animaux et les légumes. Quelle joie, cette femme libre et engagée est également capable de peindre ! Ainsi, nous pouvons découvrir un art qui fait partie d'un tout, qui ne flotte pas dans l'air, qui n'est pas maniériste, ni vide ou pompeux.

En plus, ils sont bien peints, ses tableaux. Bara a plusieurs approches et utilise des supports divers, mais elle peint toujours avec de la laque, en recherchant des effets de couleur et de matière imprévus. Son emploi de la couleur est étonnant. J'ai devant moi, dans mon bureau, un tableau superbe représentant un citron coupé en deux. Pour rendre le volume (le jeu de la lumière et de l'ombre) de la moitié qui se présente au spectateur avec sa pelure jaune, elle a utilisé un jaune chaud, du rouge et du vert. À gauche, une tache en jaune chaud représente la partie éclairée de la pelure. Au milieu et à droite, pour créer la zone d'ombre, elle a recouvert du rouge avec de fines couches de vert, en laissant transparaître plus de rouge au milieu. Et tout cela avec de la peinture qui nage, qui se mélange, qui se disperse de façon non contrôlée… Là où il représente l'intérieur du citron sectionné, le tableau est principalement blanc et rouge. Les deux couleurs se rencontrent de façon libre, créant de belles formes et une belle matière. On voit qu'il s'agit d'un tableau ici. C'est la facture et les couleurs qui le disent.

Manon Bara : Ah, des tableaux évoquant des chevelures blondes ! J'aime bien la blondeur. C'est un peu mon personnage. C'est la perruque. On peut jouer des rôles. Ça marche bien aussi avec les masques africains, qui sont un peu angulaires.

Mes tableaux actuels explorent le côté animal de l'homme et le côté humain de l'animal. Ce qui rend l'animal humain, c'est d'abord l'éclat de lumière dans l'œil. Ce qui rend l'homme ou la femme animaux, c'est le pelage. Tu as vu mon tableau avec la femme couverte de poils ? Ce n'est pas la nature qui m'intéresse, mais la nature dans l'être humain, qui apparaît dans sa vieillesse, à sa naissance… Même mon geste en peinture est un peu sauvage. J'aime l'émotion, il faut qu'il y ait de l'émotion.

Quand je suis partie en Allemagne, j'étais déçue de la France, car elle célébrait une peinture à idées, à concepts. J'ai étudié dans le foyer de l'expressionnisme, à Dresde. Mon travail s'inspire d'une Afrique fantasmée, l'Afrique de l'art métissé que nous avons hérité de Picasso. Je tente de faire une peinture sanguine. J'adore Goya. Comme j'ai déjà dit : « Je suis romantique, mais je me soigne. »

Je n'aime pas le contrôle. C'est important de lâcher prise, d'accepter que la matière puisse perdre ses contours. C'est difficile d'accepter que la couleur coule. Pourtant, le liquide est très présent. La peinture est quelque chose entre la vie et la mort. Ça coule, ça fait des coulures. Ma peinture vit sans moi. Elle fait son chemin. Je fais des formes d'aquarelles avec de la laque. J'aime les couleurs brillantes comme le vernis à ongles ou le rouge à lèvres. J'utilise aussi de la laque plus mate, selon les besoins. Avant j'utilisais beaucoup de couleurs primaires, maintenant j'ajoute des verts et des roses. Lorsque la laque sèche, elle se rétracte. Les contours précis s'estompent, ça s'embrouille un peu. Je ne sais jamais immédiatement ce que j'ai fait. Il faut attendre le lendemain. Parfois, il y a trop de liquide et ça fane. J'adore me lever le matin et aller voir ce qui s'est produit pendant la nuit, ce que ça a donné. C'est l'aventure.

Un jour, j'ai peint ma famille en animaux. Ma maman était représentée en oie. Elle n'était pas contente. Elle avait pourtant un très joli cou, un magnifique pelage et de beaux petits points sur les plumes. Mon frère était représenté en lapin, ma sœur en girafe, mon père en chien et ma grand-mère en vieux singe.

Je viens de finir le portrait d'un pigeon et de quelques natures mortes : un citron, un poisson mort... J'ai aussi fait le portrait d'un thon rouge. J'adore les thons. Je les vois devant moi, les grands thons et espadons, reposant sur des étals sous un soleil éclatant. Ils ont chaud. Ils suent, ils répandent une odeur très forte.

Je viens des Pays de la Loire, mais j'avais une grand-mère qui habitait près de Marseille. Je l'adorais... Elle est partout dans mes tableaux : le Sud, le goût, le soleil... les natures mortes sont des souvenirs de son potager. Mes deux grands-mères voulaient devenir peintres. Parfois, j'ai l'impression de peindre pour elles aussi.

Cet été, j'ai peint des portraits de mes grands-parents. Ma grand-mère est morte récemment. Quand je descends dans le Midi, elle est très présente. Les absents peuvent être très présents.

(Elle me montre une photo d'elle-même, enfant, avec sa grand-mère, vêtue d'une robe fleurie des années soixante.)

Elle aimait les robes fleuries. Moi aussi. Dessiner n'est pas peindre. En dessinant, on pense plus. Dessiner, c'est comme écrire. Faire les grandes gravures en bois, ça me calme. Je préfère exposer les matrices elles-mêmes au lieu des tirages. Ça dégage plus de force, de droiture. Ça calme, parce que tu enlèves de la matière. En peinture, tu en ajoutes. C'est différent. C'est également un travail épuisant, régulier, un exercice de méditation.

Chez les Japonais, si une personne est trop fragile, on tatoue un tigre sur son dos ; si elle est trop agressive, on met quelque chose de très doux. Ils jouent avec le chaud et le froid. Je trouve les tatouages intéressants. Ce sont des histoires sur la peau. C'est également gai à peindre, parce qu'on peut peindre sur le tableau, on peut « peindre la peinture », comme si on ajoutait du maquillage sur le portrait peint d'une femme. La peinture de guerre, c'est aussi du maquillage. Dans ce tableau (elle me montre un portrait de femme, partiellement couvert de surfaces colorées), j'ai poussé cette idée pour arriver à quelque chose de nouveau.

La peinture, c'est l'incarnation de la peau. J'aime beaucoup le travail de Lucian Freud, de Cecily Brown (dont j'ai récemment vu des tableaux chez Gagosian), de Jenny Saville. La peinture comme de la chair. C'est comme l'incarnation du corps du Christ dans la religion catholique. Il y a toujours une sacralisation dans la peinture.

Plus on parle d'un sujet autobiographique, plus ça devient universel. Le pigeon, c'est un peu nous tous. J'aime bien l'ombre en dessous de sa patte. Si tu mets côte à côte le vieux portrait du lapin et le nouveau, tu vois qu'avant mes tableaux étaient plus plats. Des coulures en sucre d'orge. C'était la pâtisserie qui m'intéressait même si ça ressemblait à des plaies saignantes. C'est fini, ça, maintenant. Aujourd'hui, je recherche la lumière et le volume.

Ce qui est important aussi, c'est l'échelle. Prends le portrait de cet ours. Il est devenu comme un membre de la famille, grâce à l'échelle.

Je ne pense pas que ma peinture soit tellement féminine. J'aime bien la force : l'ours et le gorille. Les chats, c'est pour rire. J'ai copié en grand des affiches de chats perdus et je les ai exposées dans la rue. Ce que j'aime bien, c'est ce que les gens écrivent sur ces affiches au sujet de leur chat. J'aime bien ces traces de leur relation humaine.

Montagne de Miel, 3 septembre 2018

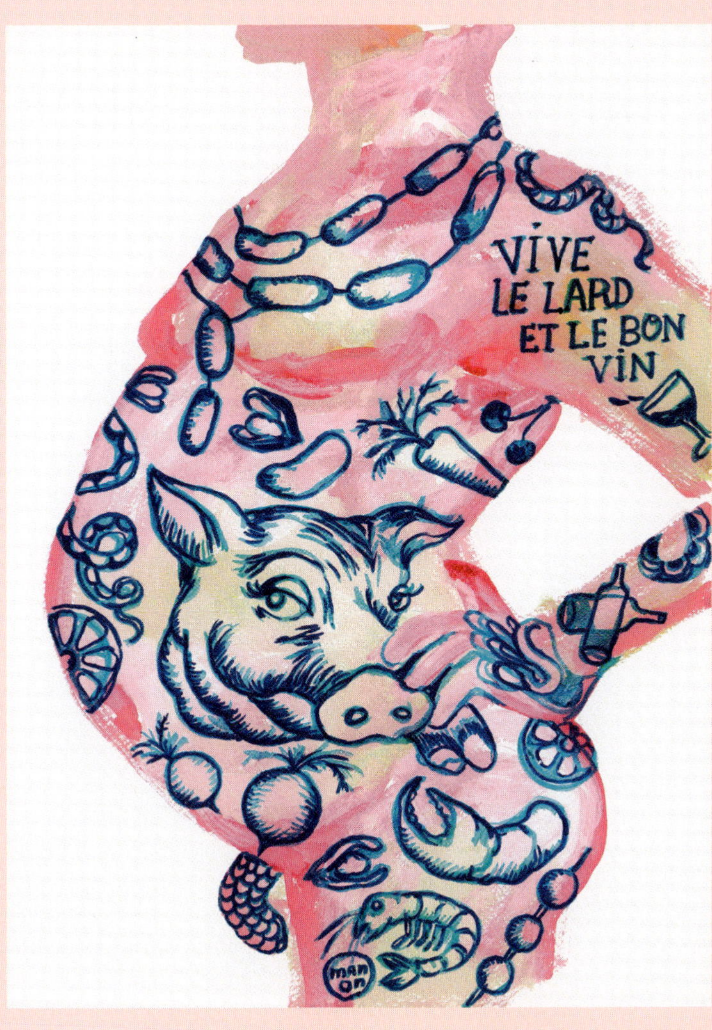

Hans Theys

Blond Painting

A Few Words on Manon Bara's Work

Manon Bara was born in France in 1985. I met her for the first time in 2010. Her freedom in her choice of subjects and the precision of her forms struck me at first glance. Manon Bara is an artist. Not because she produces beautiful drawings and superb paintings, but because hers is a rich, direct, passionate, committed relationship to the world. Her commitment is both poetic and political, in the full sense of this word: she loves people, animals and vegetables. How lovely that such a free, committed woman should also be able to paint! That way, we are able to discover an art which is part of a whole and isn't suspended in mid-air, one that is not manneristic, or hollow, or pompous.

And in addition, her paintings are very well painted. Bara uses several techniques and employs different supports, but up to this day she always uses lacquer, seeking unexpected effects of colour and texture. Her use of colour is astounding. I have in front of me a splendid painting representing a watermelon cut in two. To render the volume (the play of light and shadow) of the half which shows itself to the spectator with its yellow peel, she used a warm yellow, some red and some green. On the left, a warm yellow spot represents the part of the peel on which light is cast. In the middle and to the right, to create the shadowy area, she has covered some red with fine layers of green, allowing more red to show through in the middle. And this is all done with paint which swims, gets mixed together, disperses in an uncontrolled manner... Where it represents the inside part of the cut melon, the painting is chiefly white and red. The two colours meet freely, creating beautiful shapes and a beautiful texture. You can see that this is a painting. The technique and the colours both tell you this.

Manon Bara: Oh, paintings evoking blond hair! I do like blondness. It's part of the persona. It's a wig. You can change roles. It also works with African masks, which are a bit angular. My current paintings explore the animal side of man and the human side of animals. What makes animals human is first of al the sparkle in their eyes. What turns a man, a woman or a non-binary person into an animal is fur. Have you seen my painting with the woman covered in hair? Nature is not what interests me, but rather nature in human beings, as it appears in old age, at birth... Even my gesture in painting is a bit wild. I like emotion, there has to be some emotion.

When I went to Germany, I had become disillusioned with France, as it exalted a painting of ideas, of concepts. I studied in the hotbed of expressionism, in Dresden. My work takes its inspiration from a fantasised Africa, the Africa of hybridised art which we have inherited from Picasso. I try to produce a full-blooded painting. I adore Goya. As I've said already: 'I am romantic, but I'm undergoing treatment.'

I don't like control. It is important to lose your grip, to accept that your materials will lose their clear edges. It's hard to accept that colour should flow. And yet fluids are very much present. Painting is something between life and death.

It flows, it tends to drip. My painting goes on living without me. It goes its own way. I produce some type of water colour with lacquer. I love bright colours like nail polish or lipstick. I also use matte, low-gloss paint, as the need arises. In the past I used lots of primary colours, now I'm adding shades of green and pink. When lacquer dries, it retracts. The definite outline becomes blurred, it gets into something of a muddle. I never know at once what I've done. I have to wait till the next day. Sometimes there is too much liquid and it withers. I love to get up in the morning and to go and see what has transpired during the night, what it has yielded. It's an adventure.

One day, I painted my family in the guise of animals. My mother was represented as a goose. She was not amused. And yet she had a very pretty neck, a splendid fur-like skin, and nice little dots on her feathers. My brother was painted as a rabbit, my sister as a giraffe, my father as a dog and my grandmother as an old monkey.

I have just finished the portrait of a pigeon and a few still lifes: a lemon, a dead fish... I have also done the portrait of a red tuna. I love tunas. I can see them in front of me, large tunas and swordfish, lying on stalls under a sparkling sun. They are hot. They are sweating, giving off a strong smell.

I come from the Loire region, but I had a grandmother who lived close to Marseilles. I adored her... She is present everywhere in my paintings: the South, tastes, the sun... those still lifes are memories of her kitchen garden. Both my grandmothers wanted to become painters. Sometimes I get the impression that I also paint for them.

Last summer I painted portraits of my grandparents. My grandmother died recently. When I go to the South of France, she is very much there. Absent people can be intensely present.

(She shows me a photograph of herself as a child, with her grandmother, who is wearing a flowery dress from the sixties.)

She loved flowery dresses. So do I.

To draw is not the same as painting. When you draw you think more. Drawing is akin to writing. Producing large woodcuts has a calming effect on me. It calms me because you are removing material. In painting you add material. It's different. It is also an exhausting, regular work, an exercise in meditation.

Among the Japanese, if a person is too fragile, they tattoo a tiger on their back; if the person is over-aggressive, they put something very soft. They play with hot and cold. I find tattoos interesting. They are stories on people's skin. It's also fun to paint, since you can paint on the painting, you can 'paint the painting', as if you were adding some make-up to the painted portrait of a woman. War paint is also a form of make-up. In this painting (she points to a woman's portrait, partly covered with coloured surfaces) I pushed that idea, in order to get to something new.

Painting is the embodiment of the skin. I love the work of Lucian Freud, that of Cecily Brown (I recently saw some works of hers at Gagosian's), that of Jenny Saville. Painting like flesh. It is like the incarnation of the body of Christ in the Roman Catholic religion. There is always something sacral about painting.

The more you talk about an autobiographical subject, the more universal it becomes. That pigeon is really all of us. I like the shadow under its leg. If you put side by side the old portrait of the rabbit and the new one, you can see that my paintings used to be flatter. Drips of barley sugar. In these days I was thinking of pastry, even though it looked like bleeding wounds. That's over now. What I'm looking for today is light and volume.

What is also important is scale. Take the portrait of that bear. It has become something of a member of my family, thanks to the scale. I don't think that my painting is essentially feminine. I like strength: the bear and the gorilla. The cats are just for fun. I made large-scale copies of posters of lost cats and exhibited them on the street. What I really like is what people write about their cats on those posters. I like those traces of their human relations.

Montagne de Miel, 3 September 2018

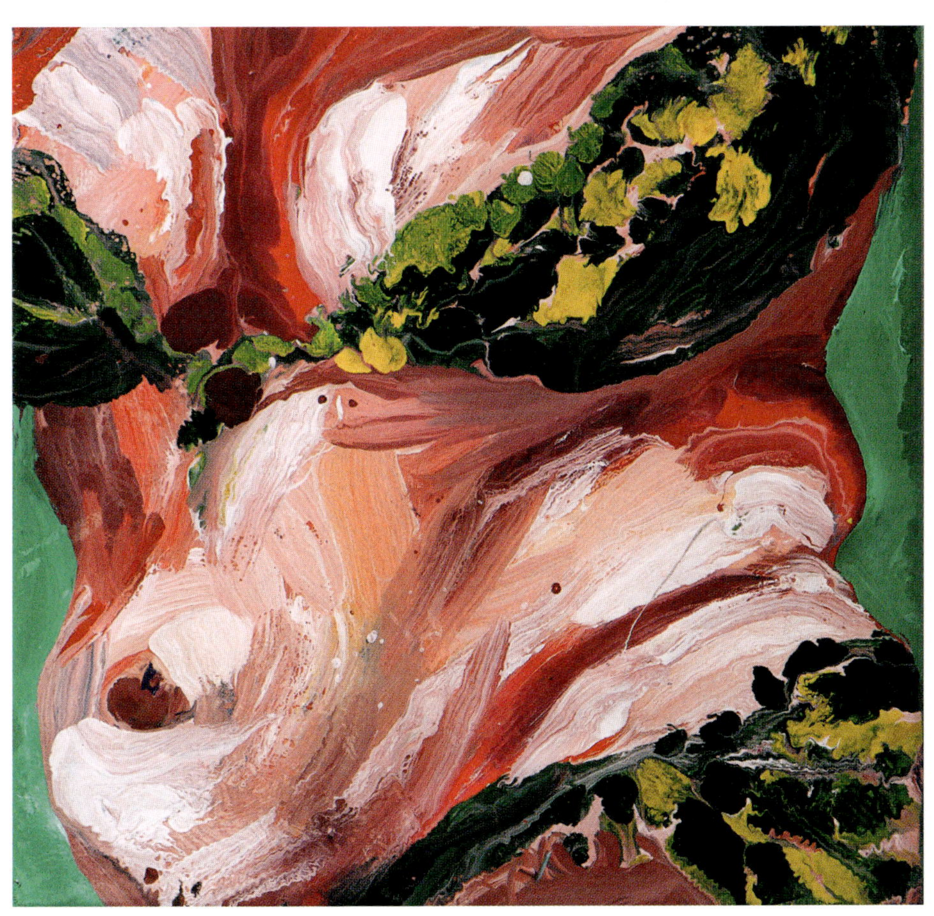

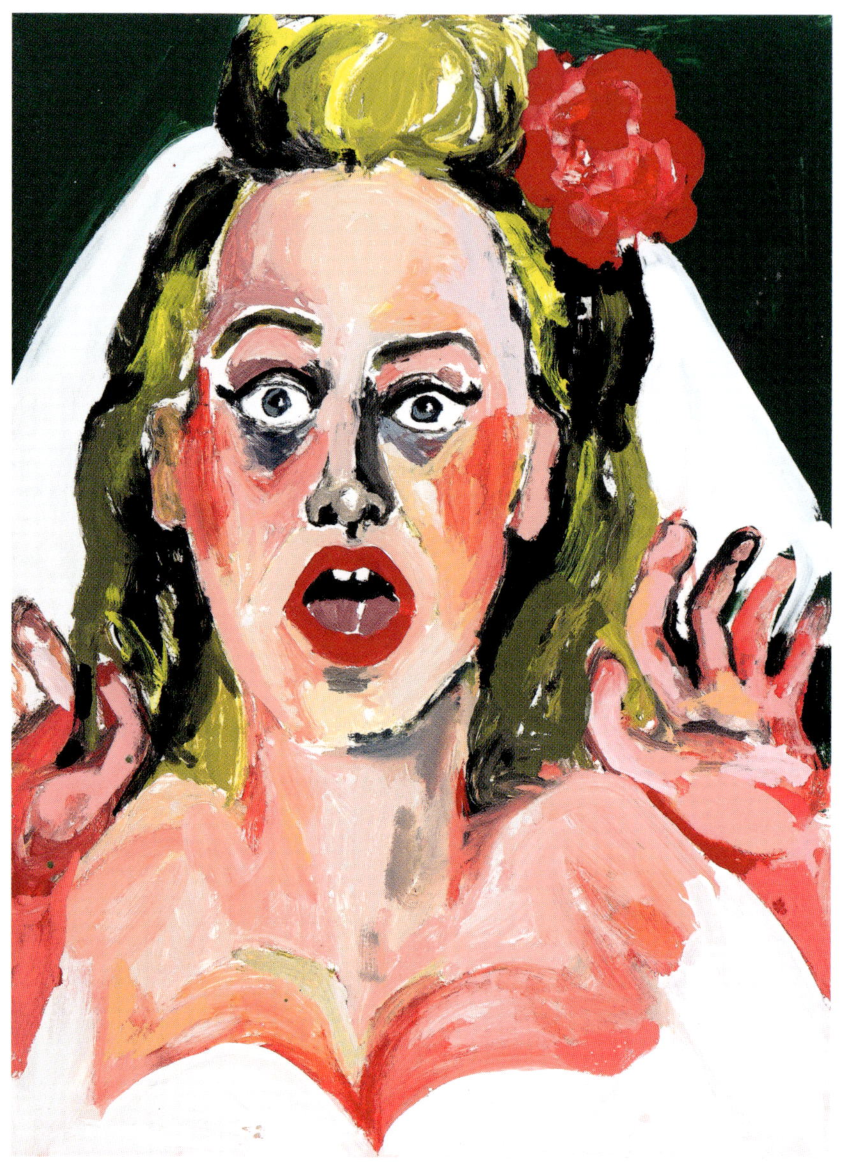

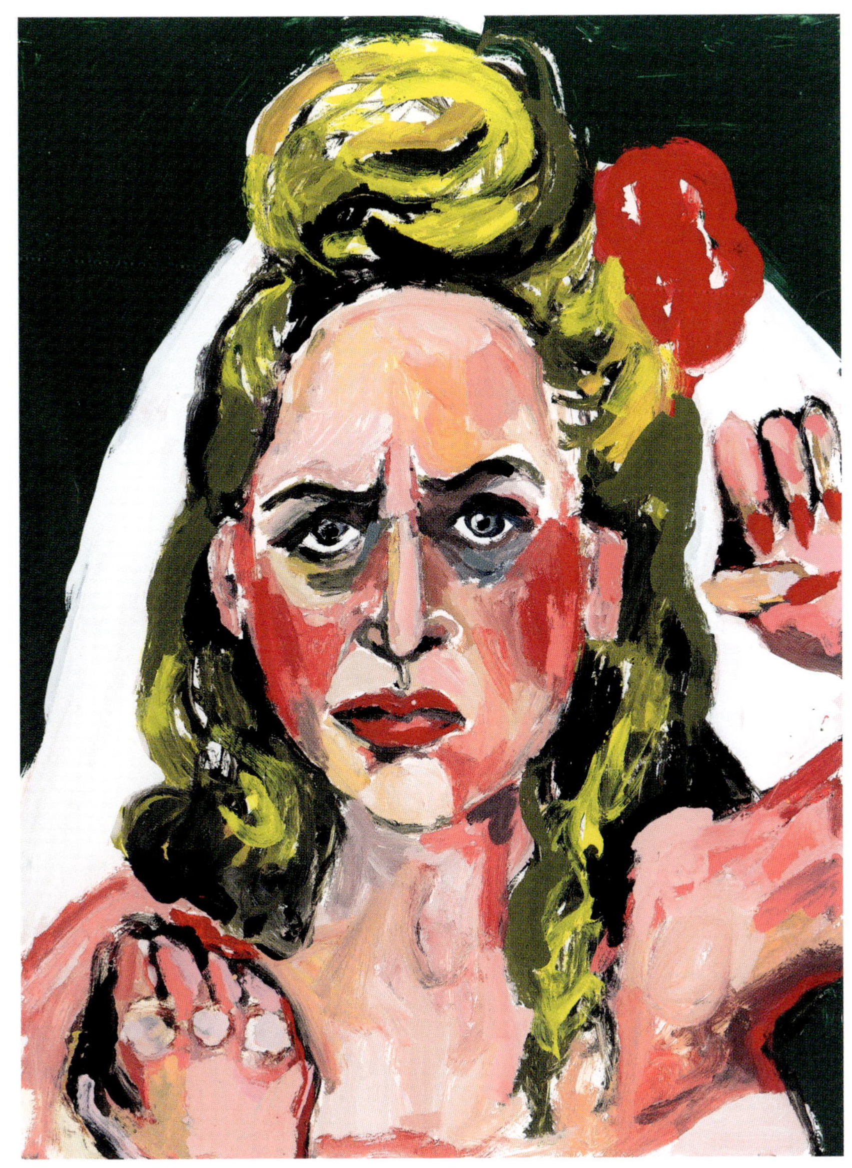

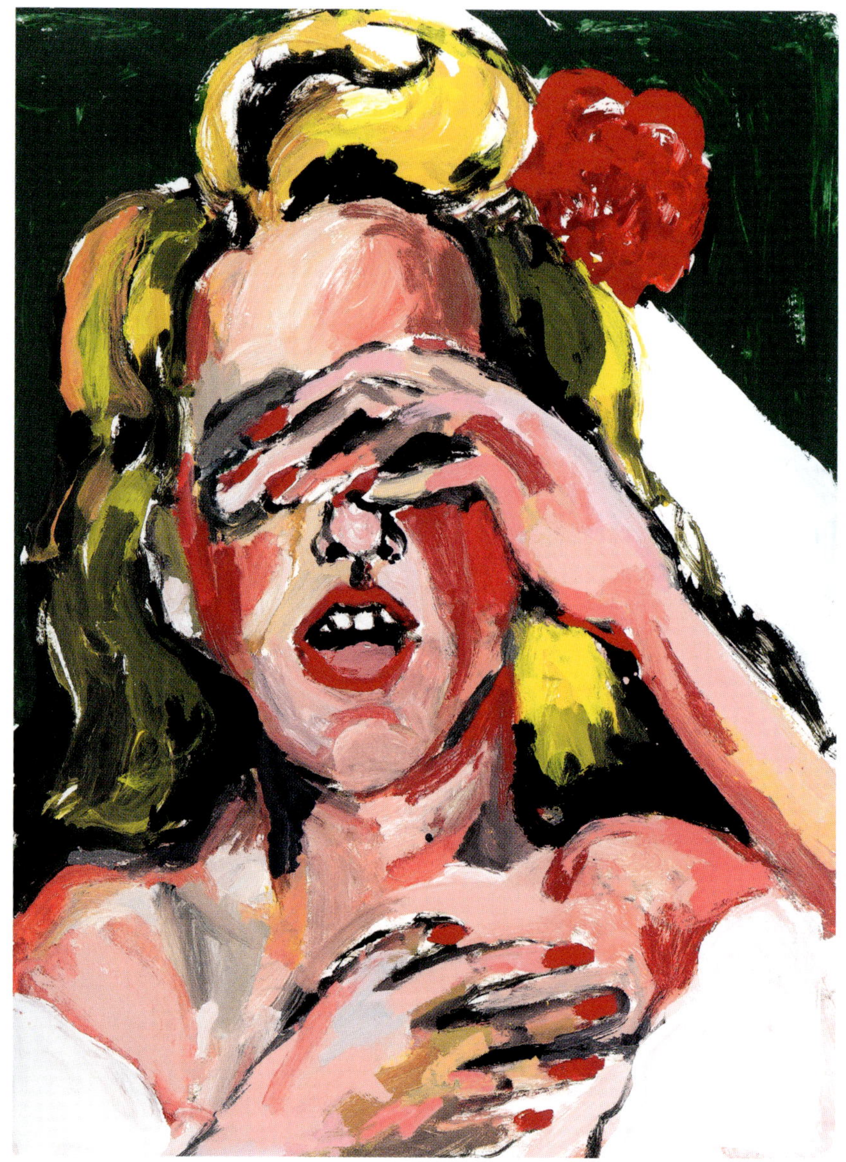

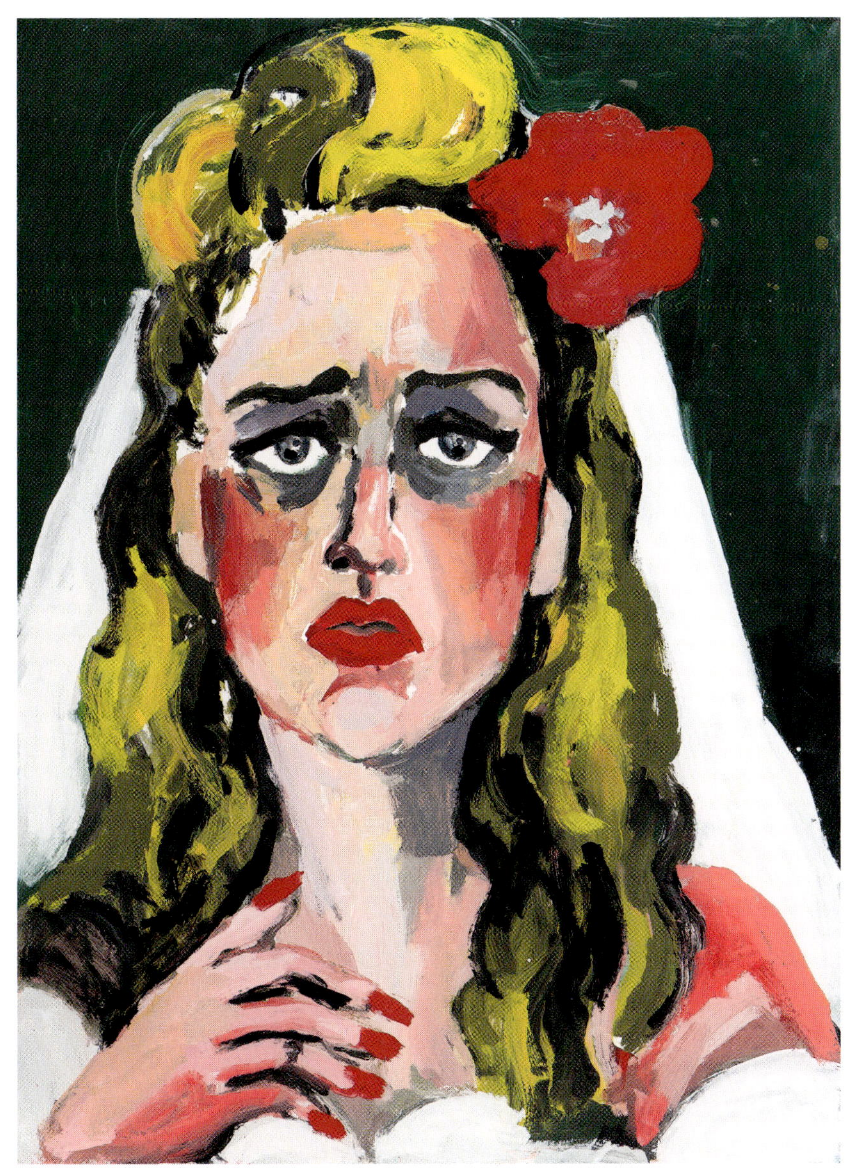

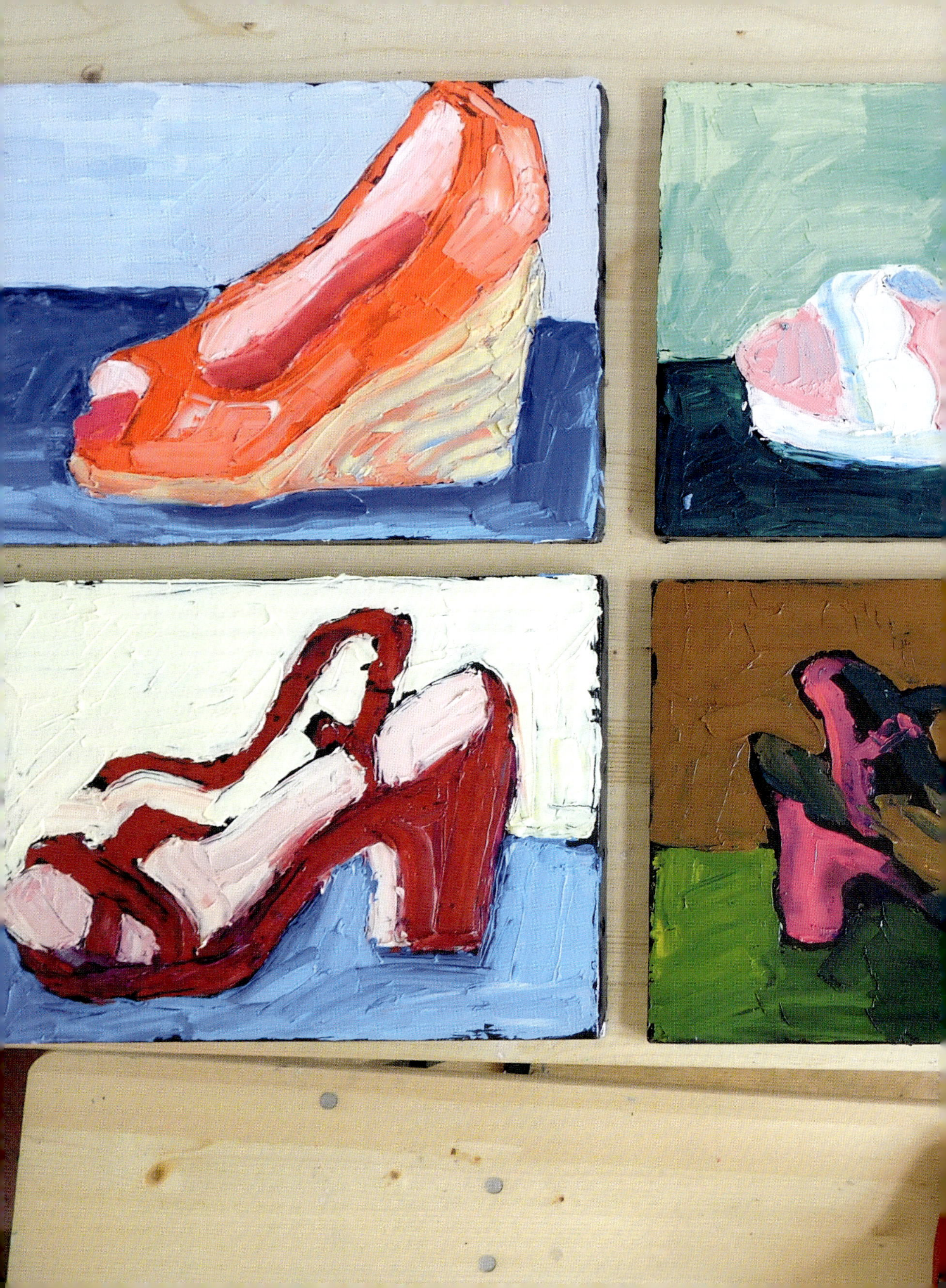

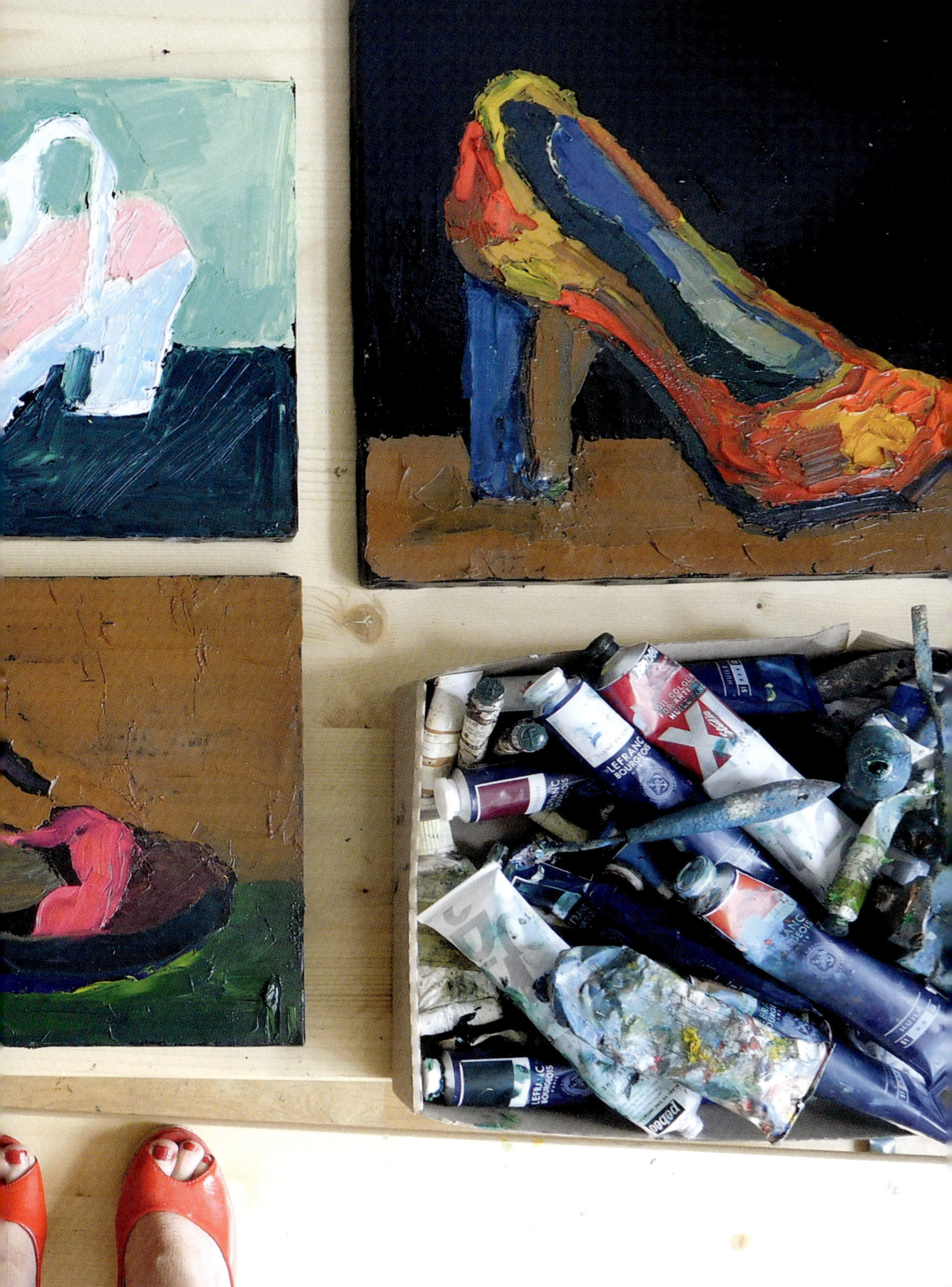
LEFRANC BOURGEOIS

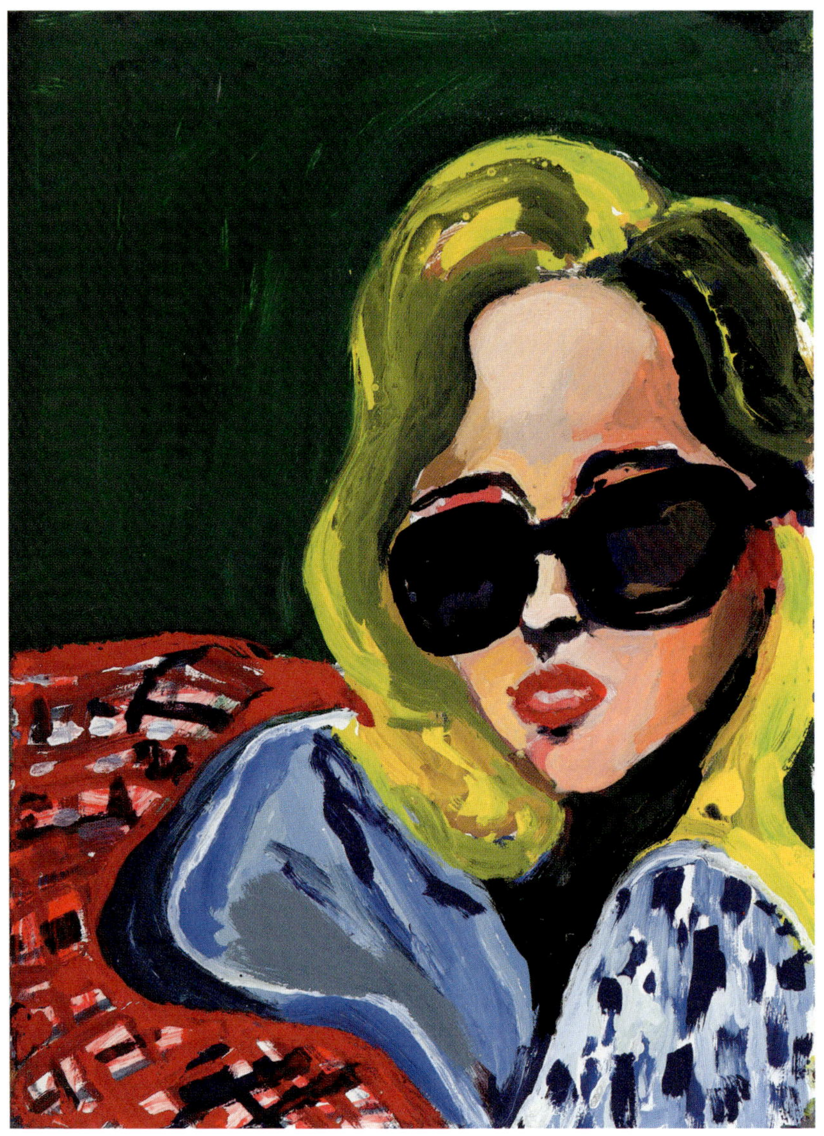

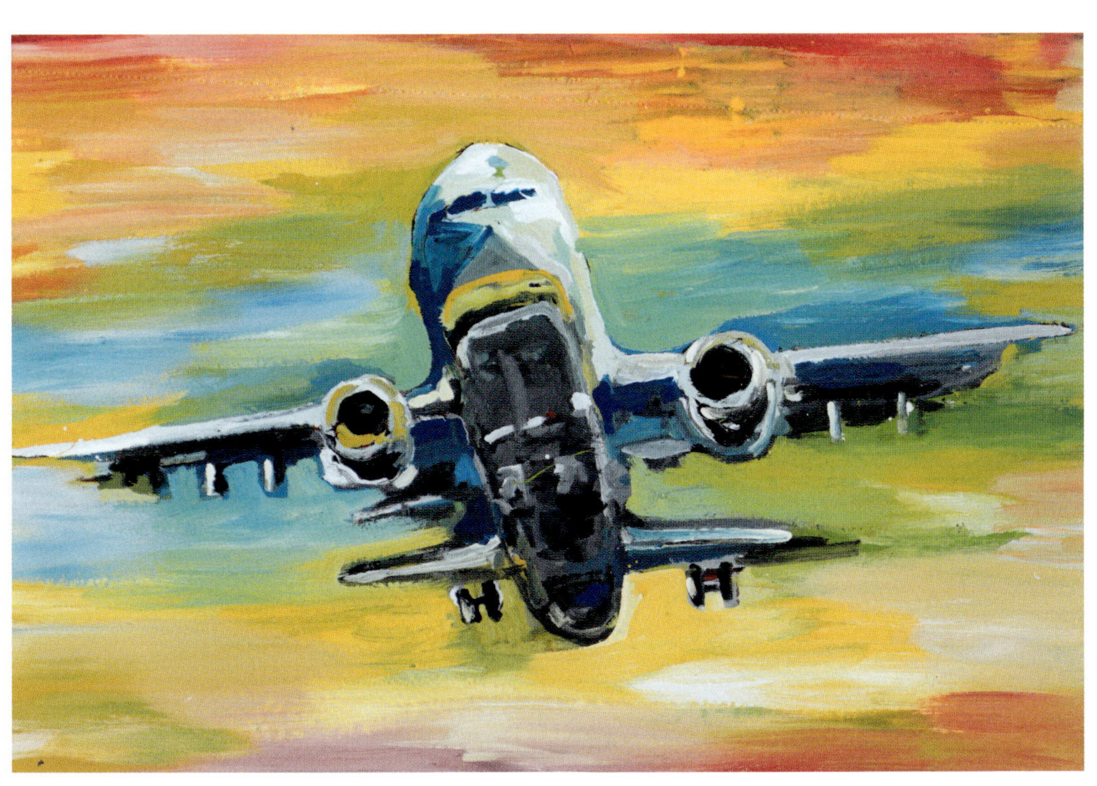

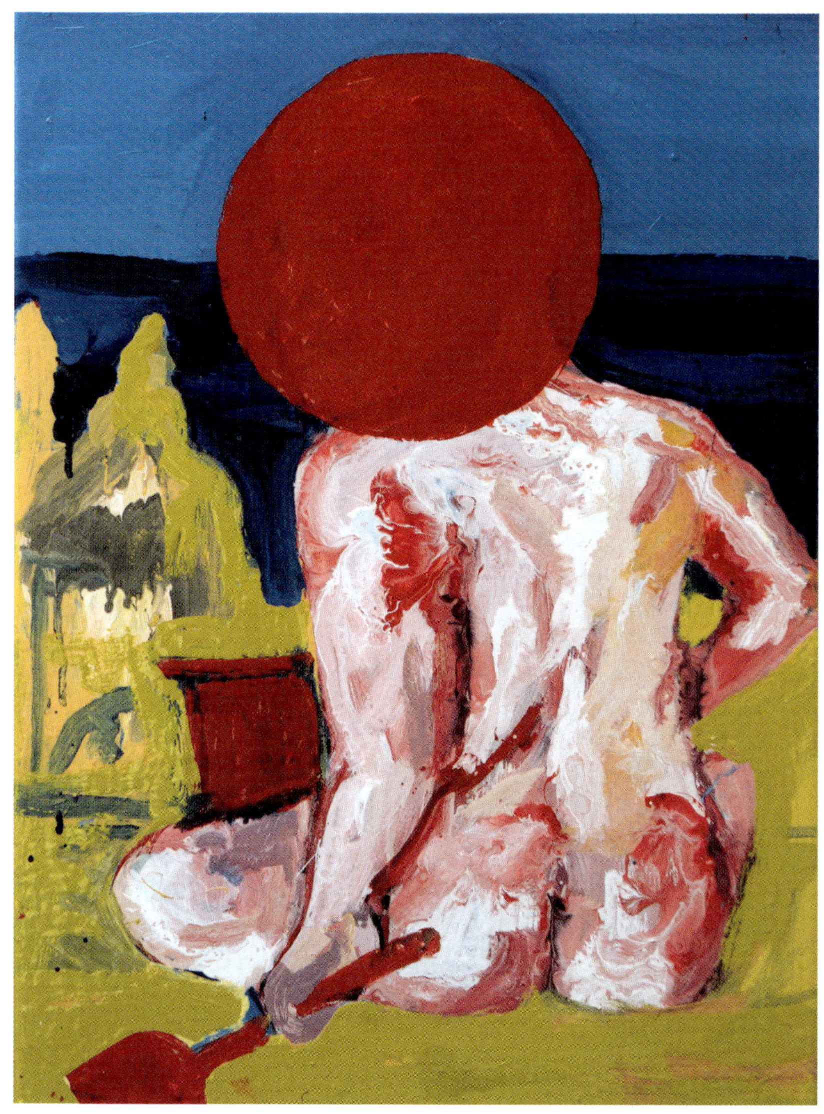

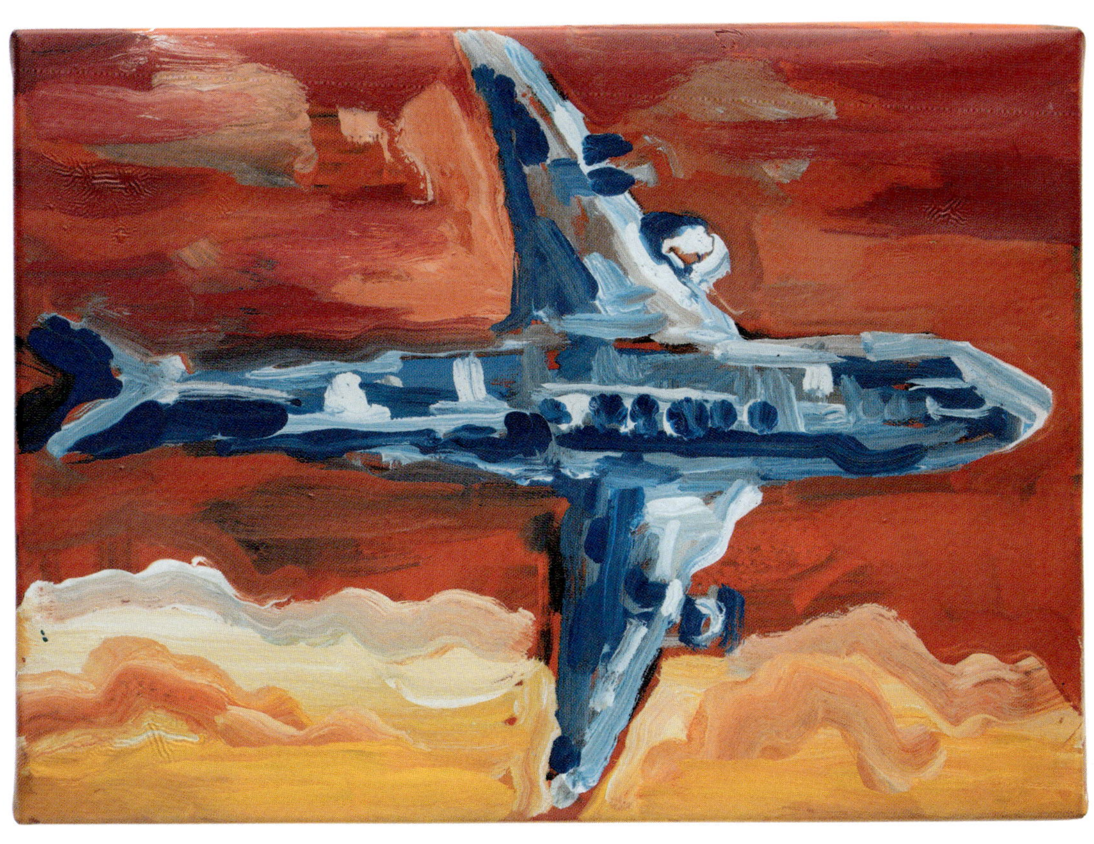

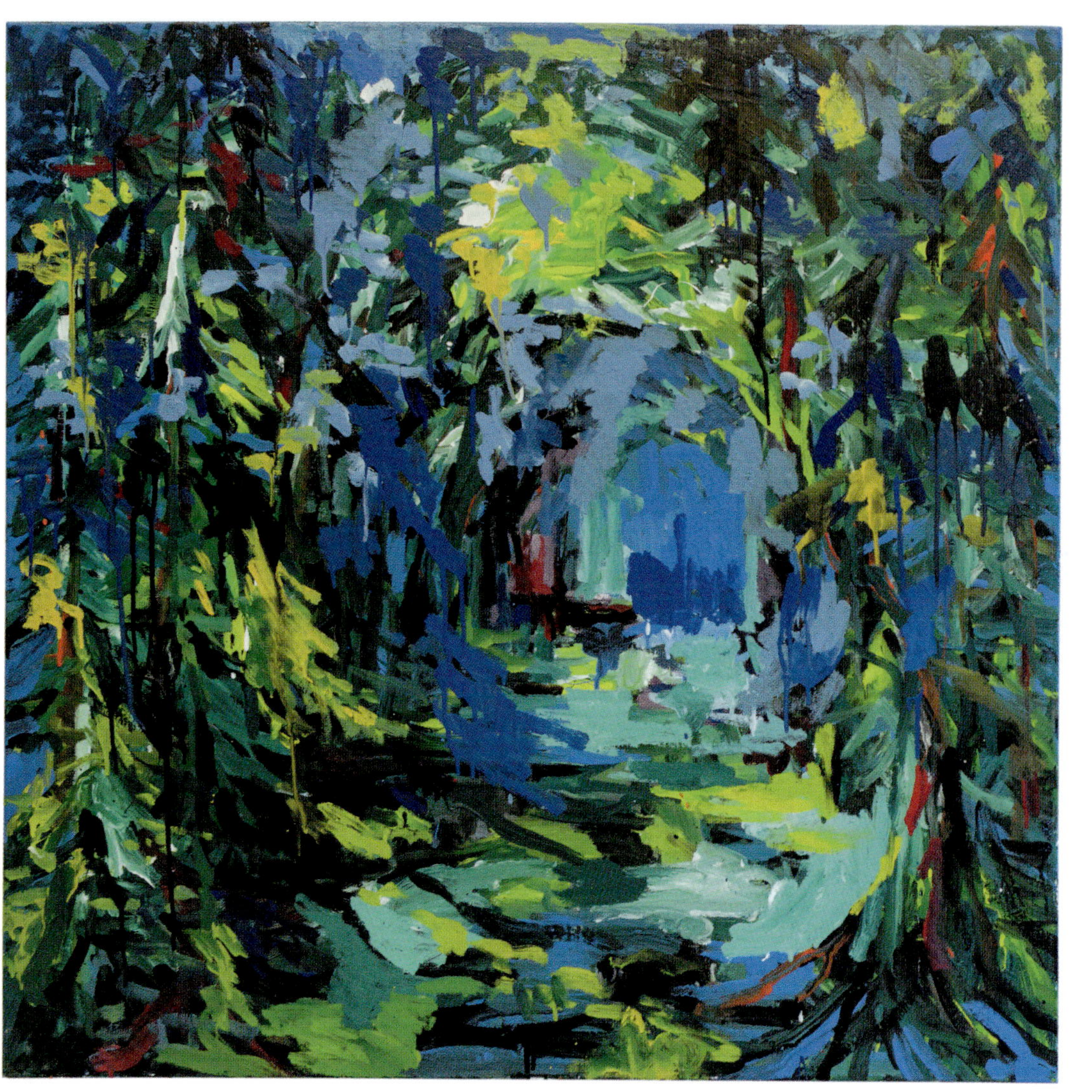

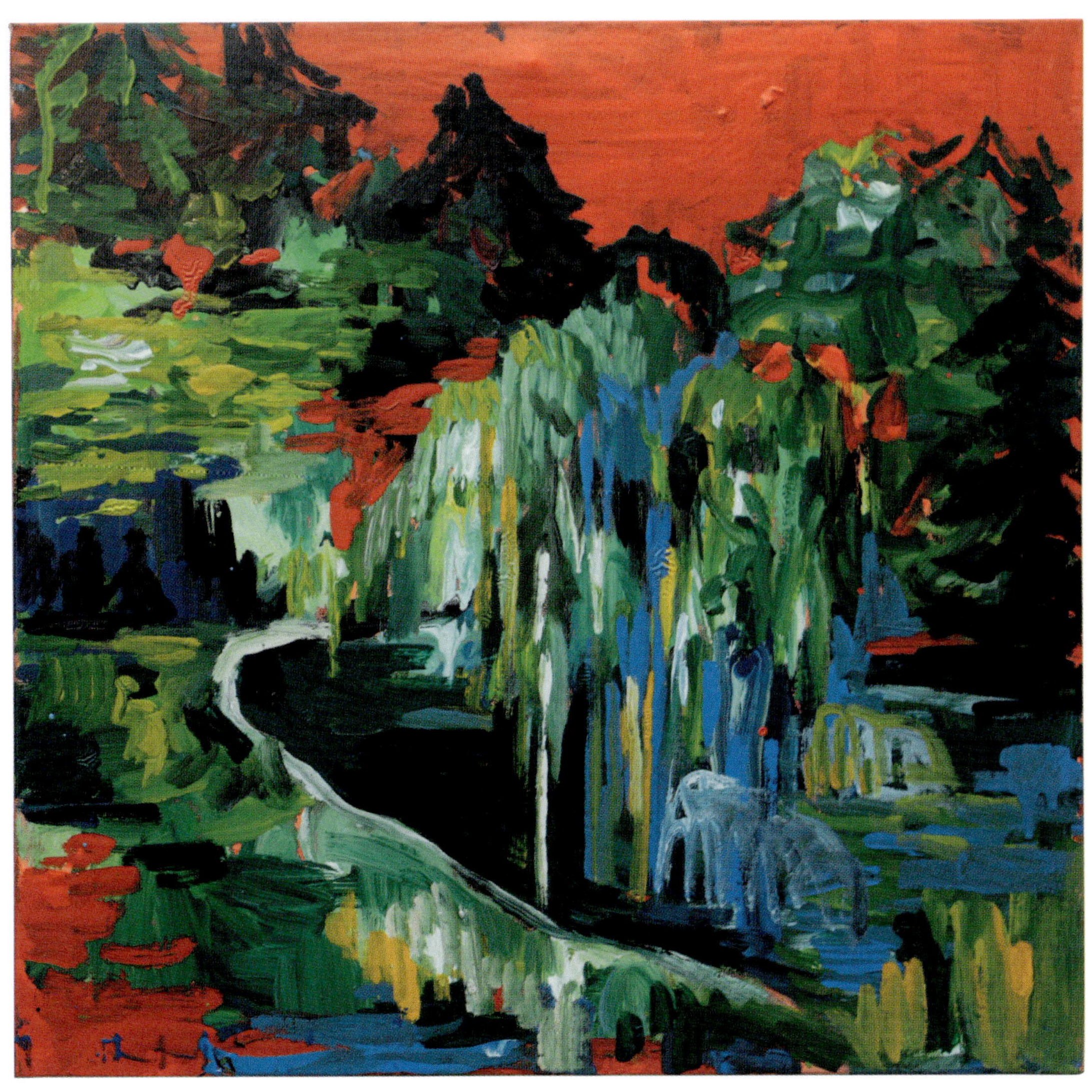

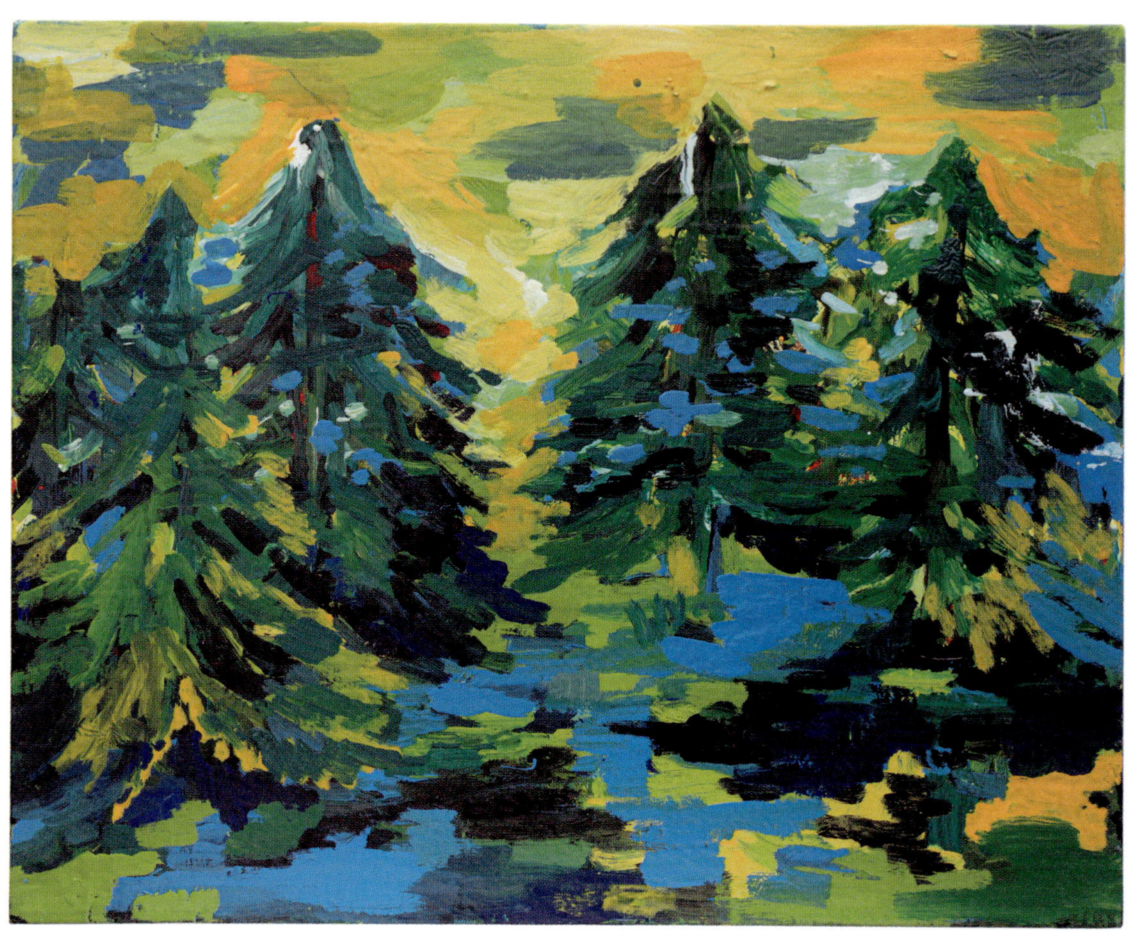

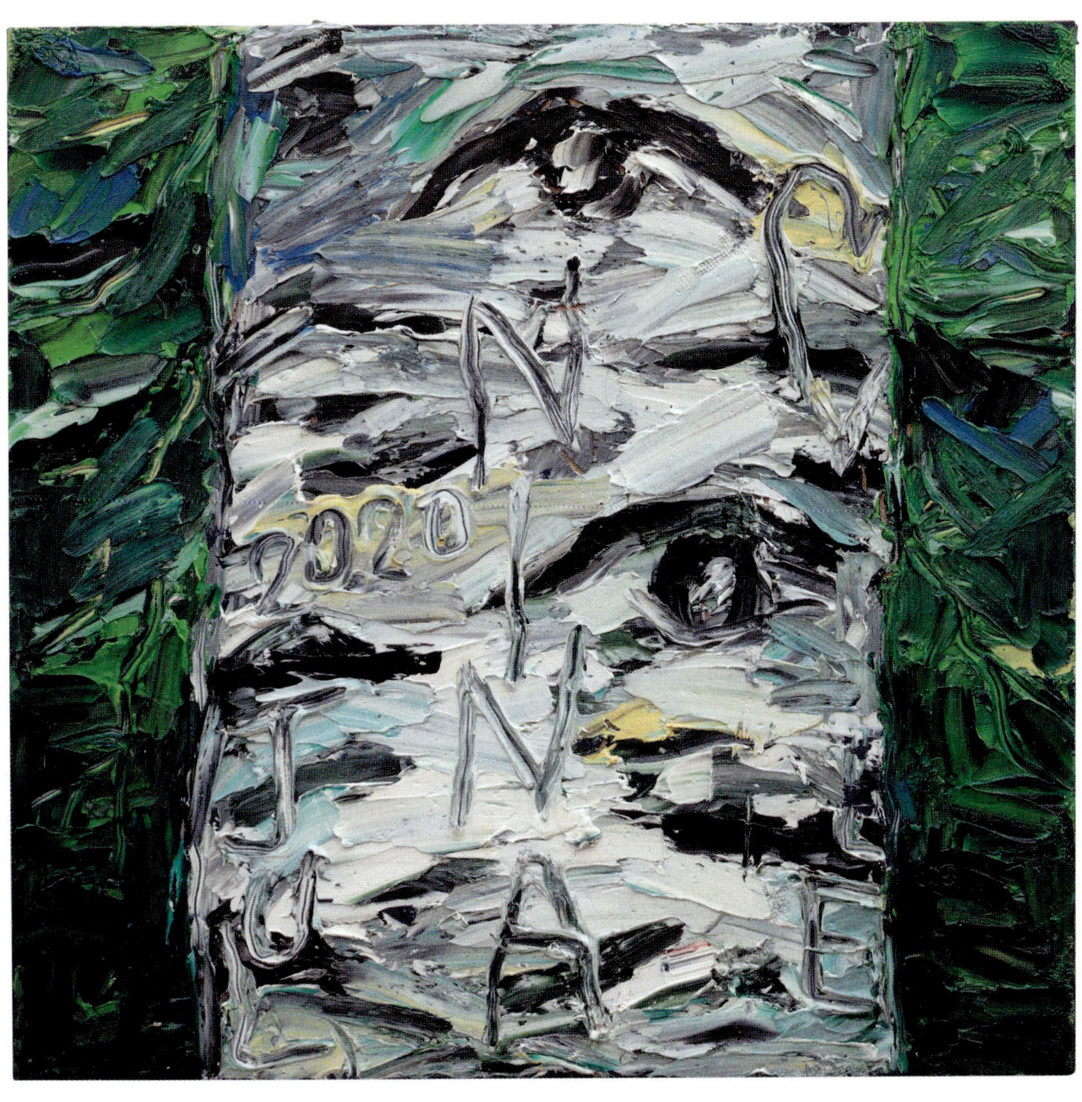
2020

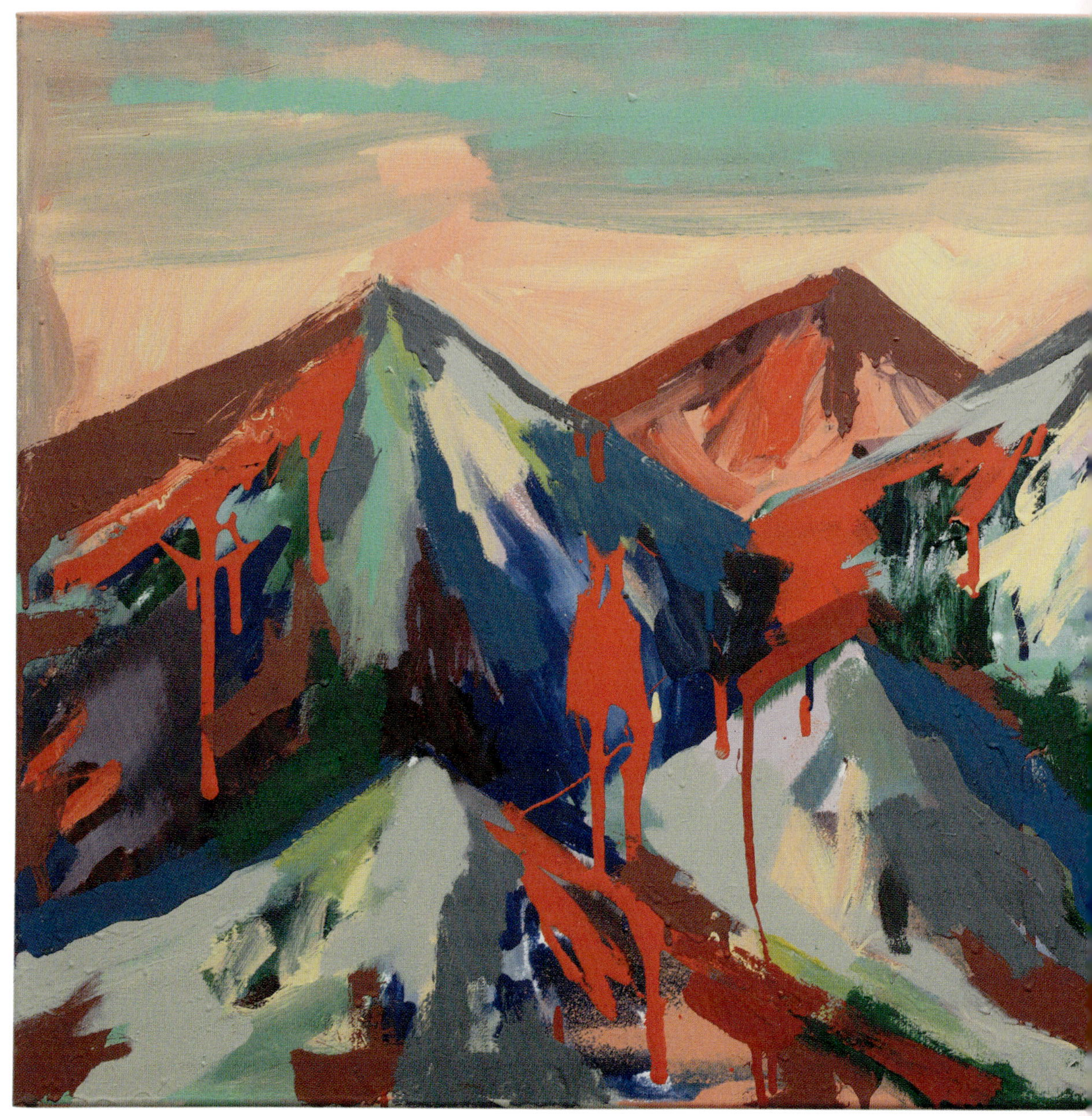

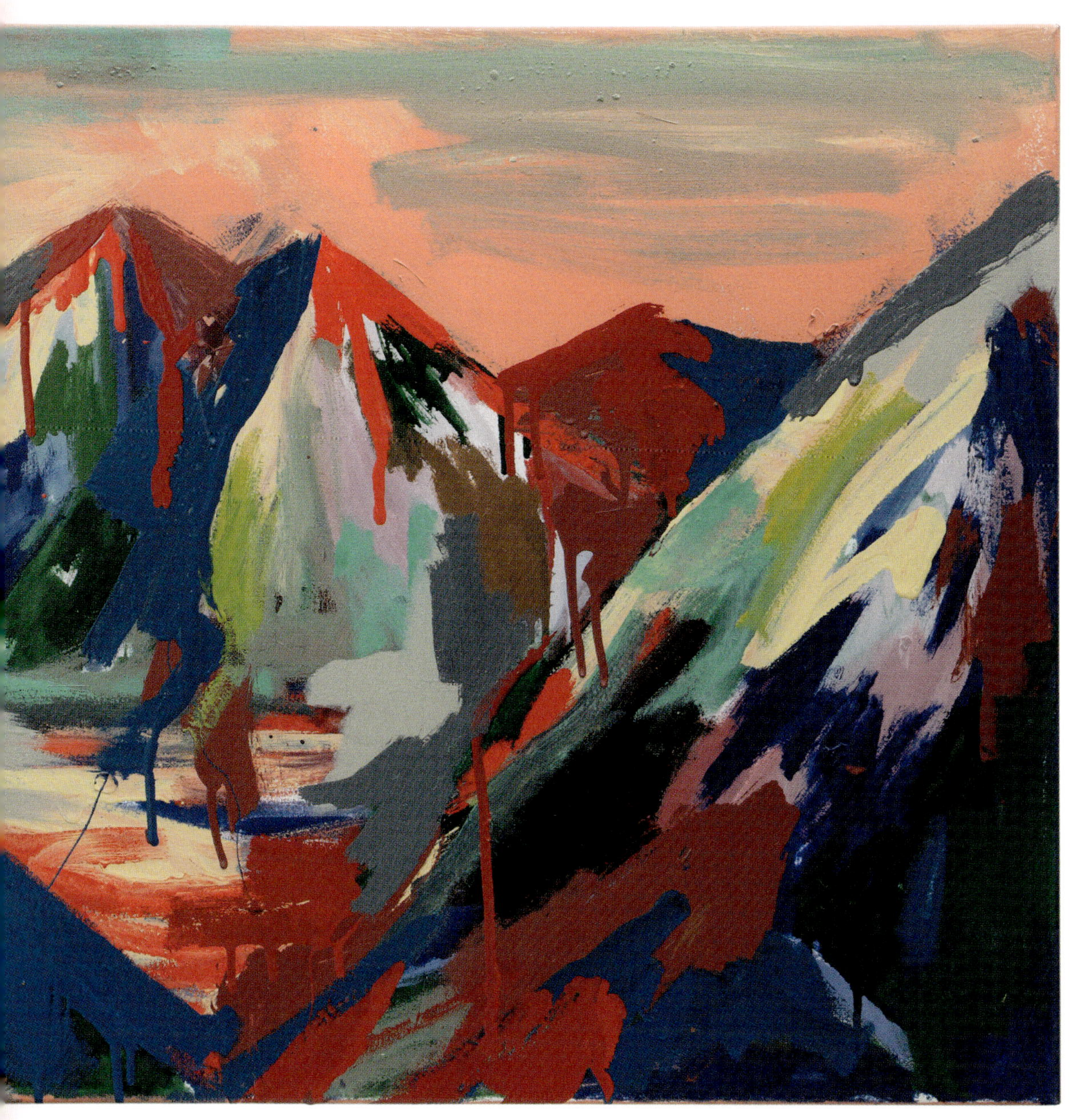

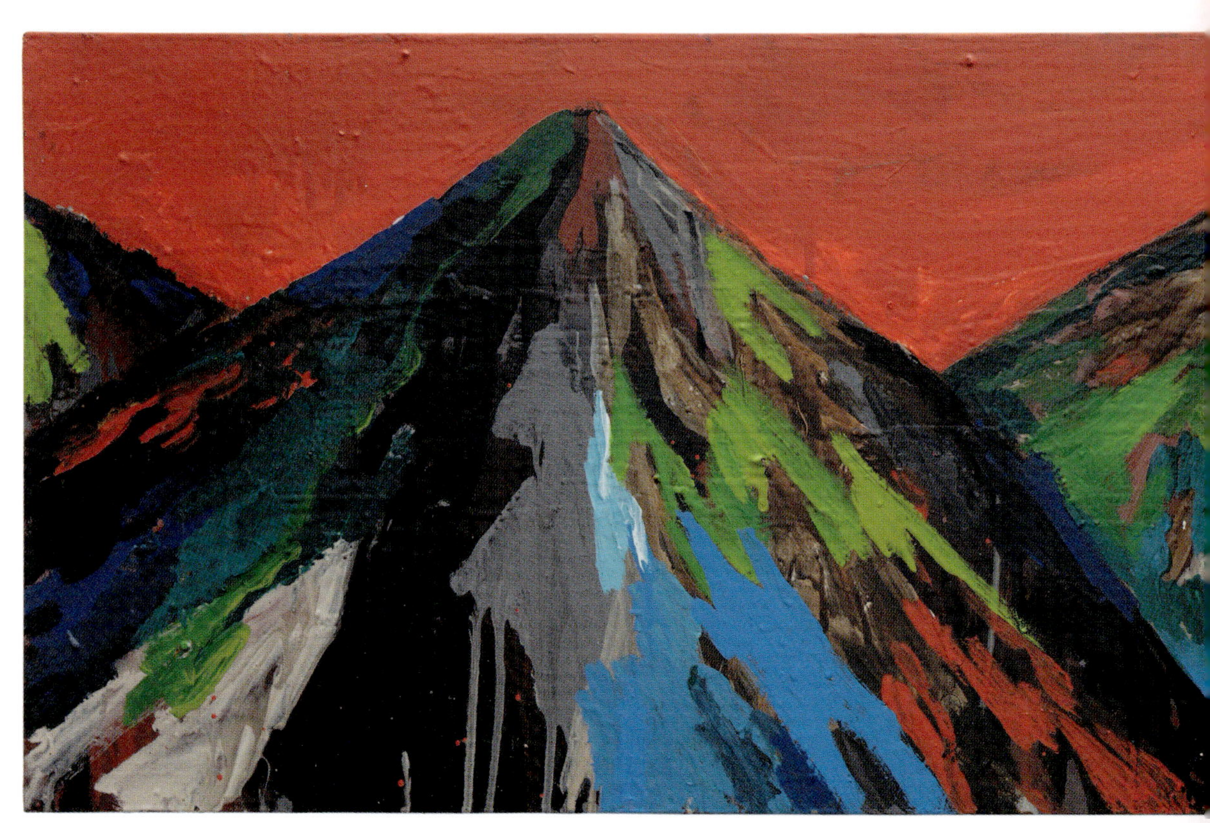

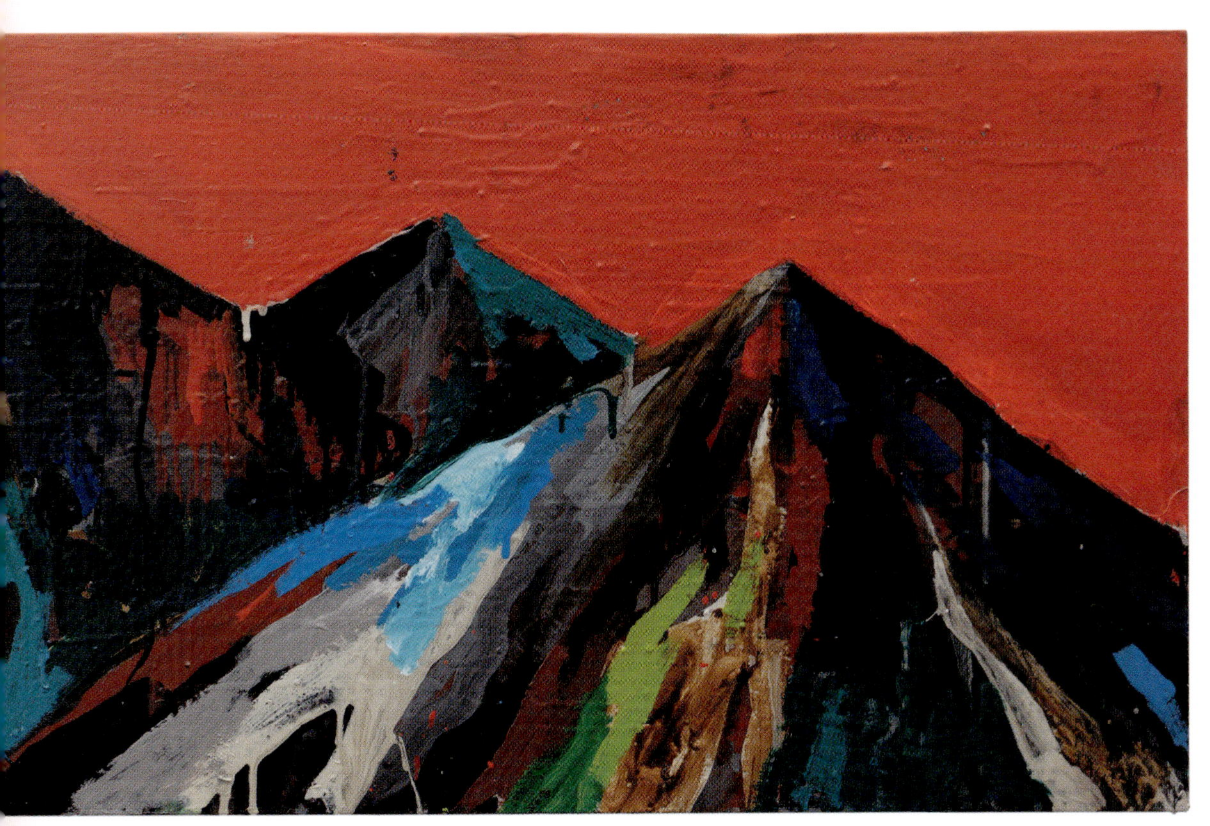

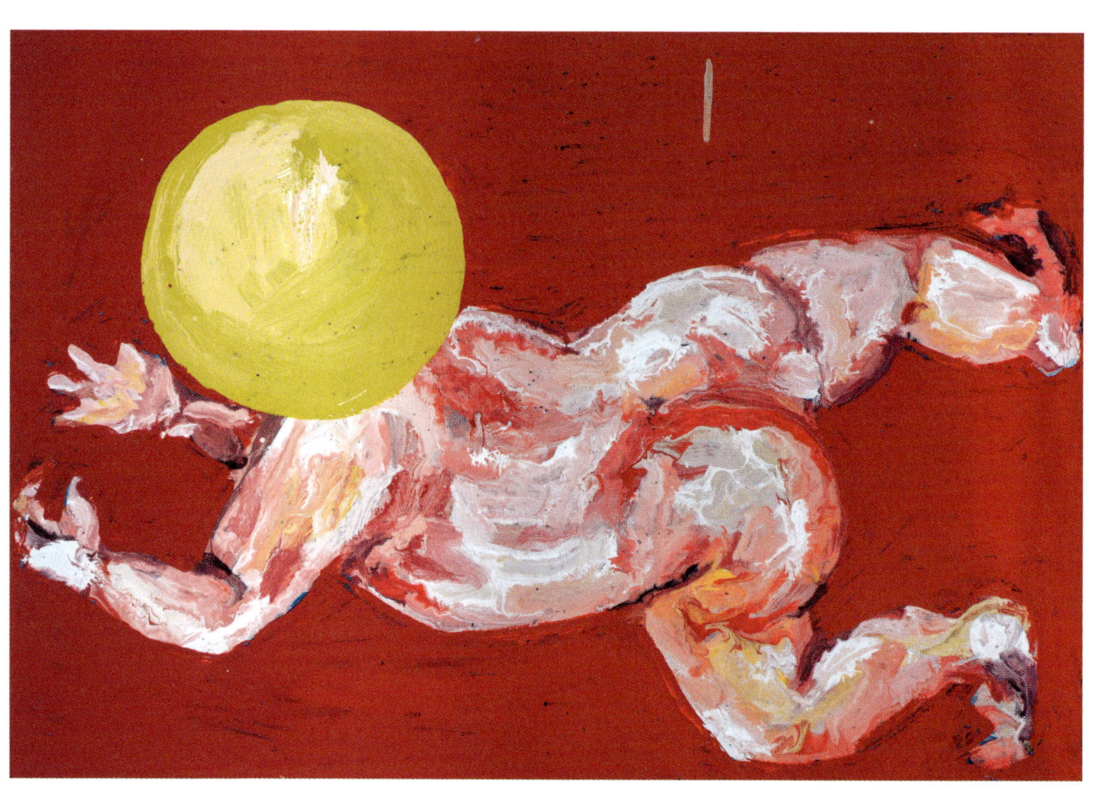

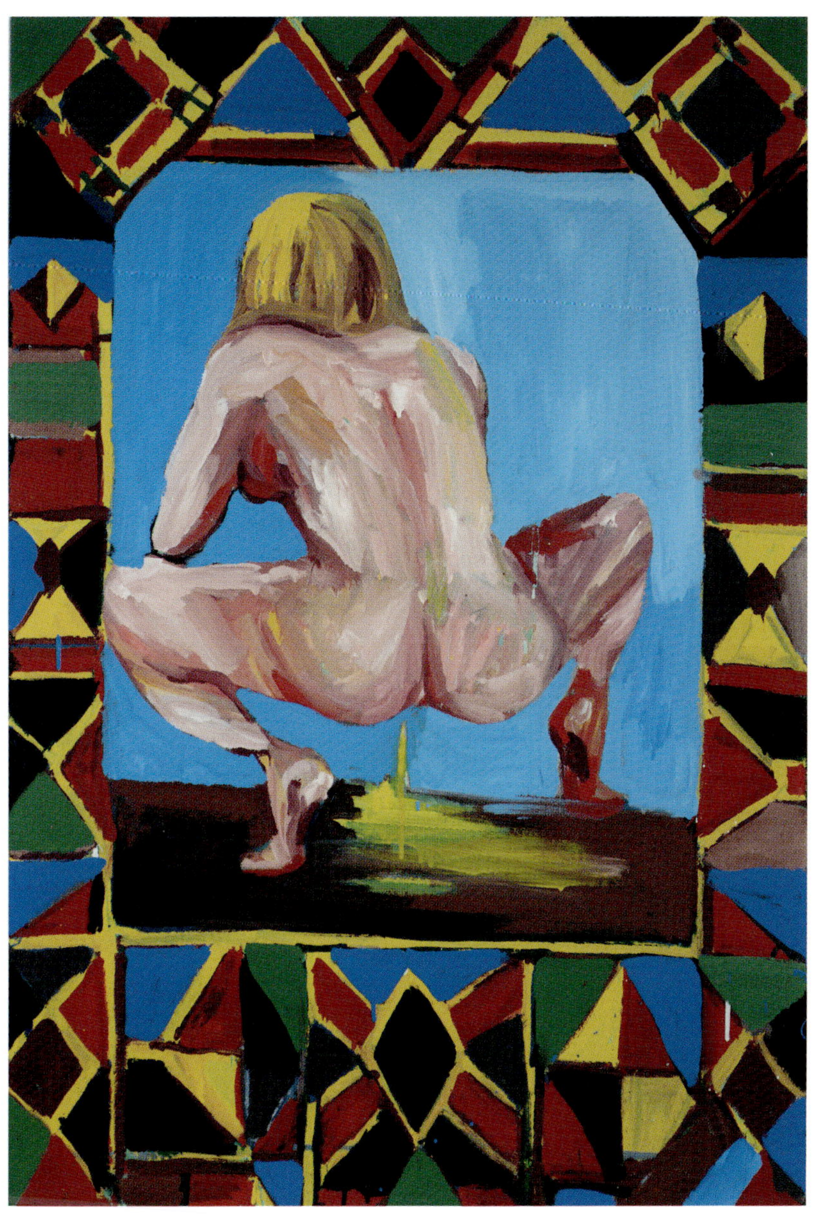

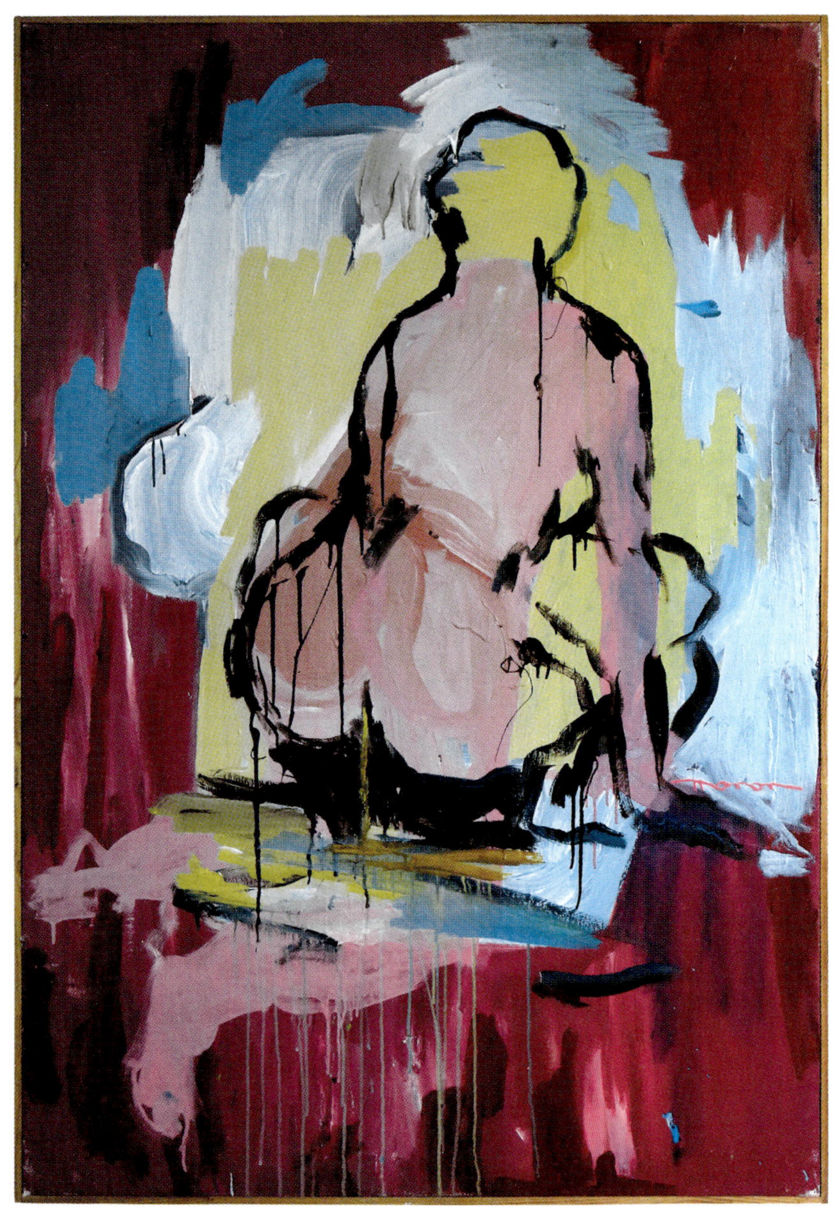

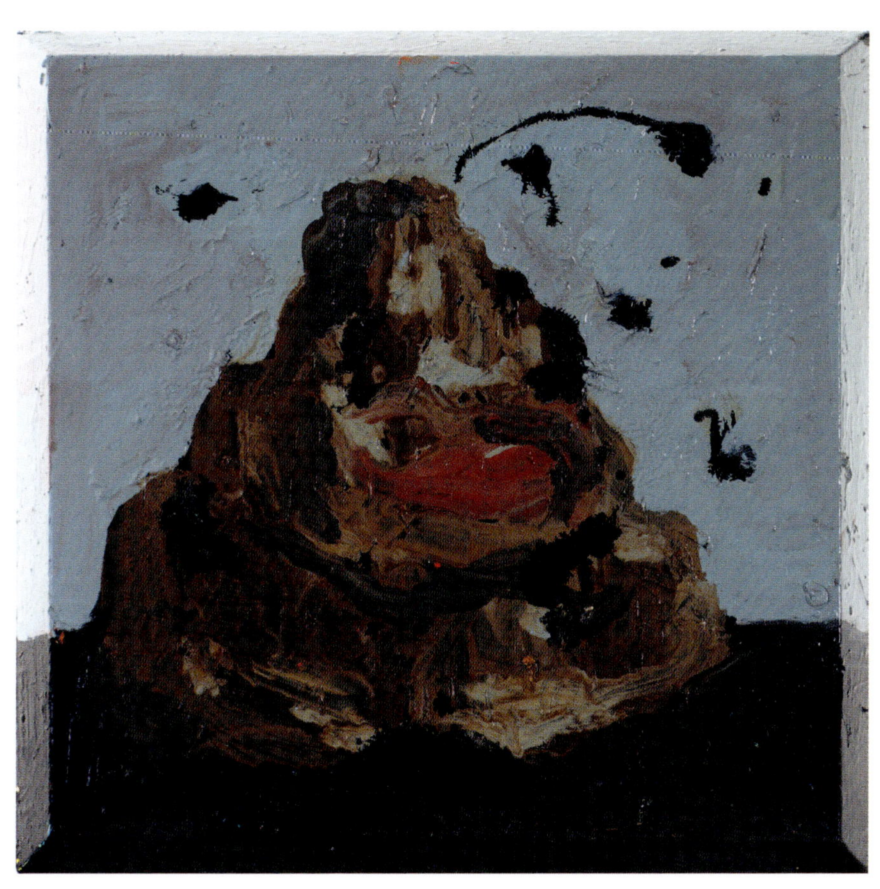

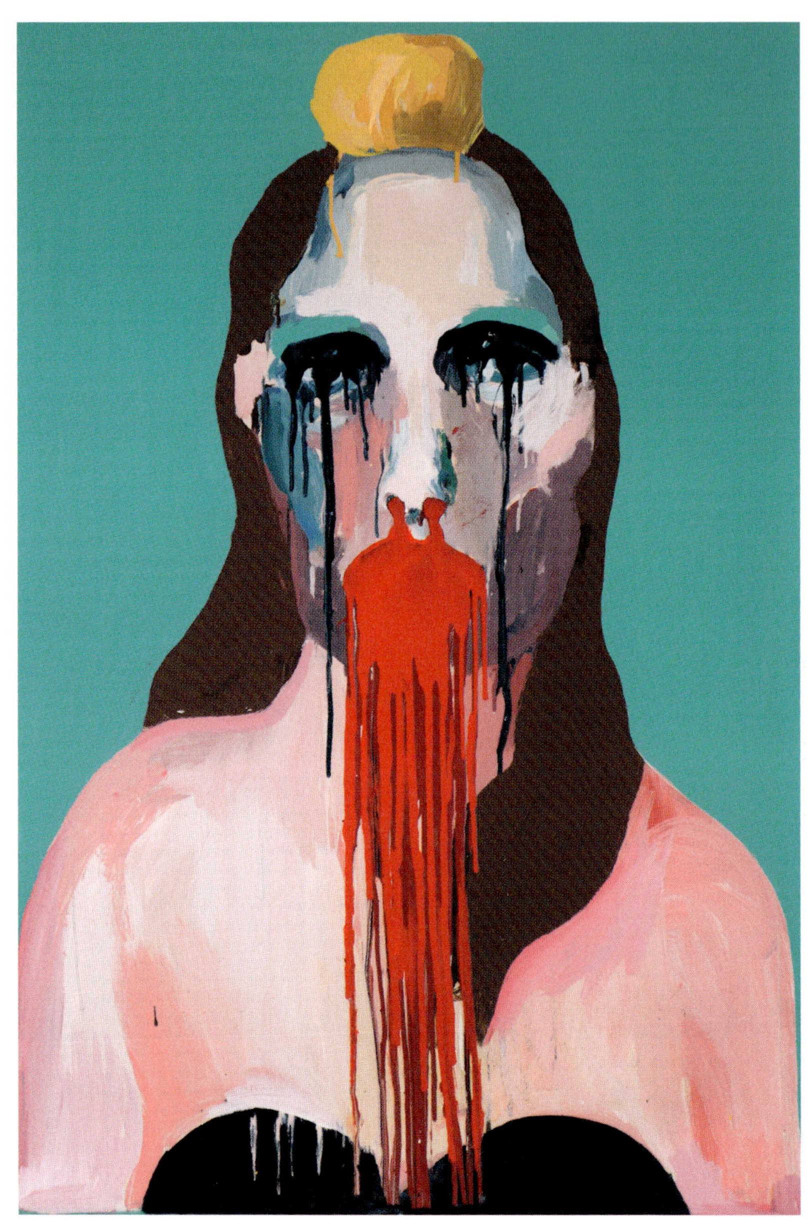

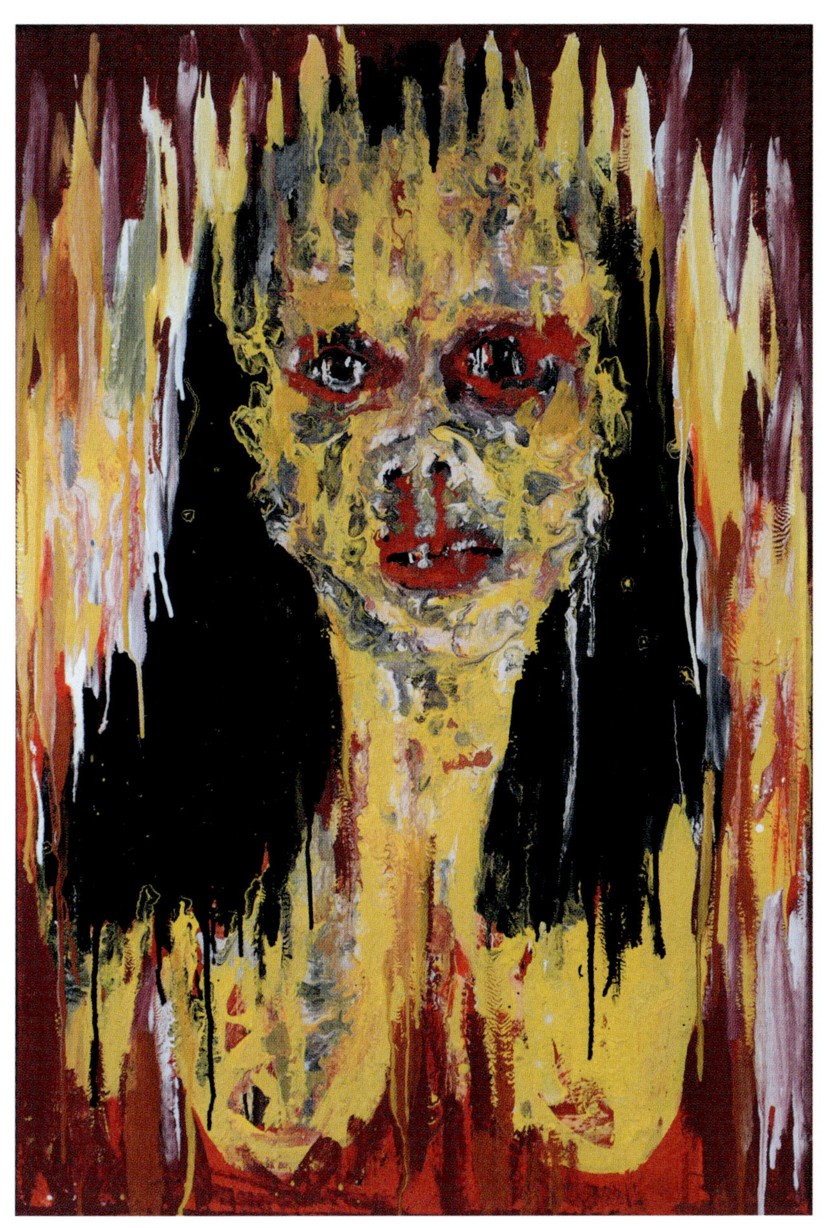

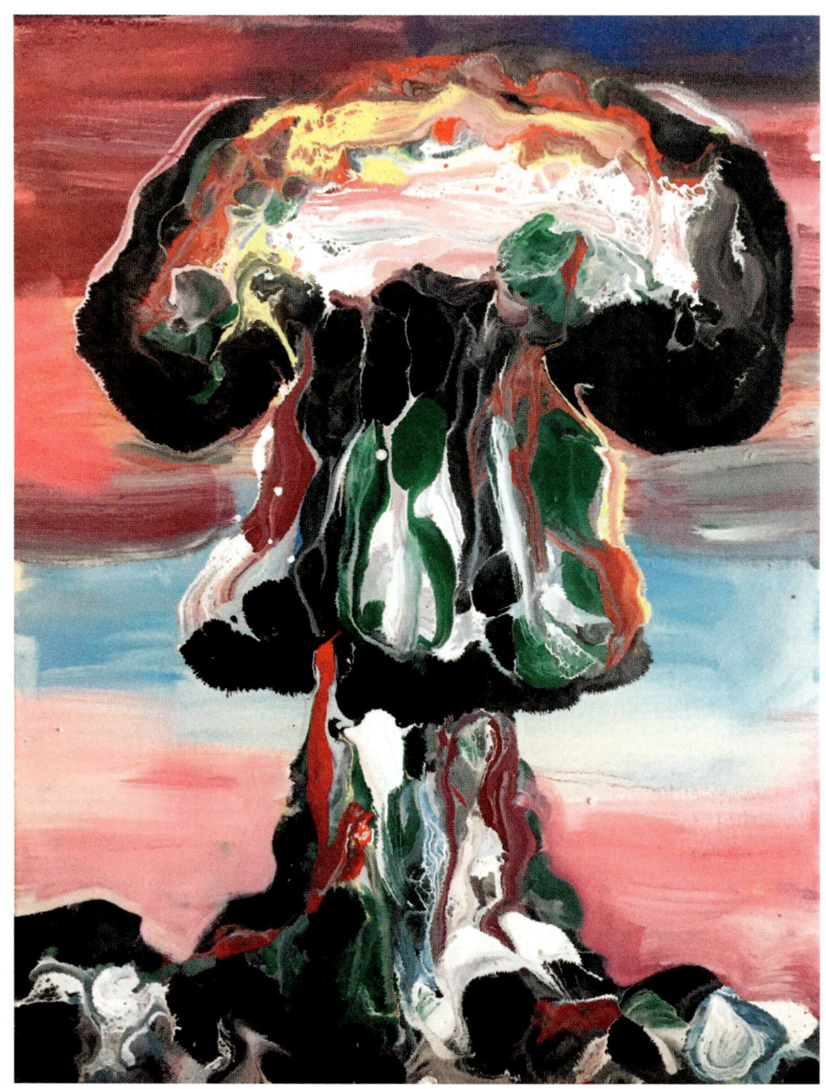

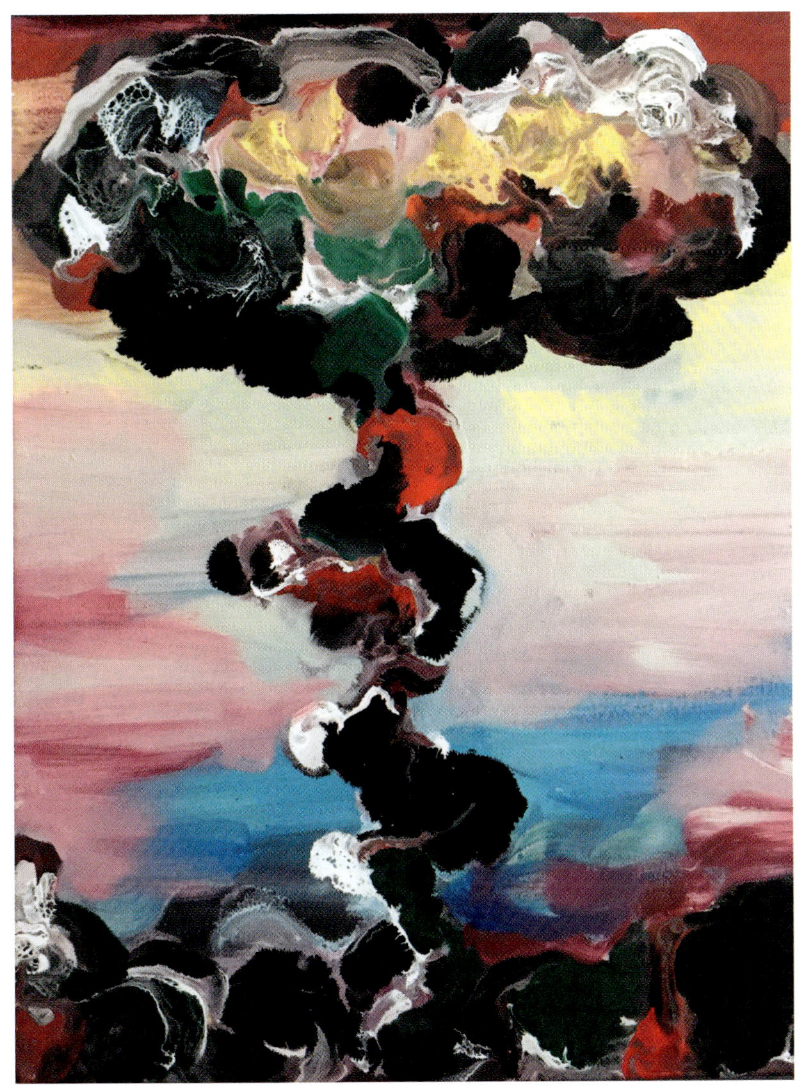

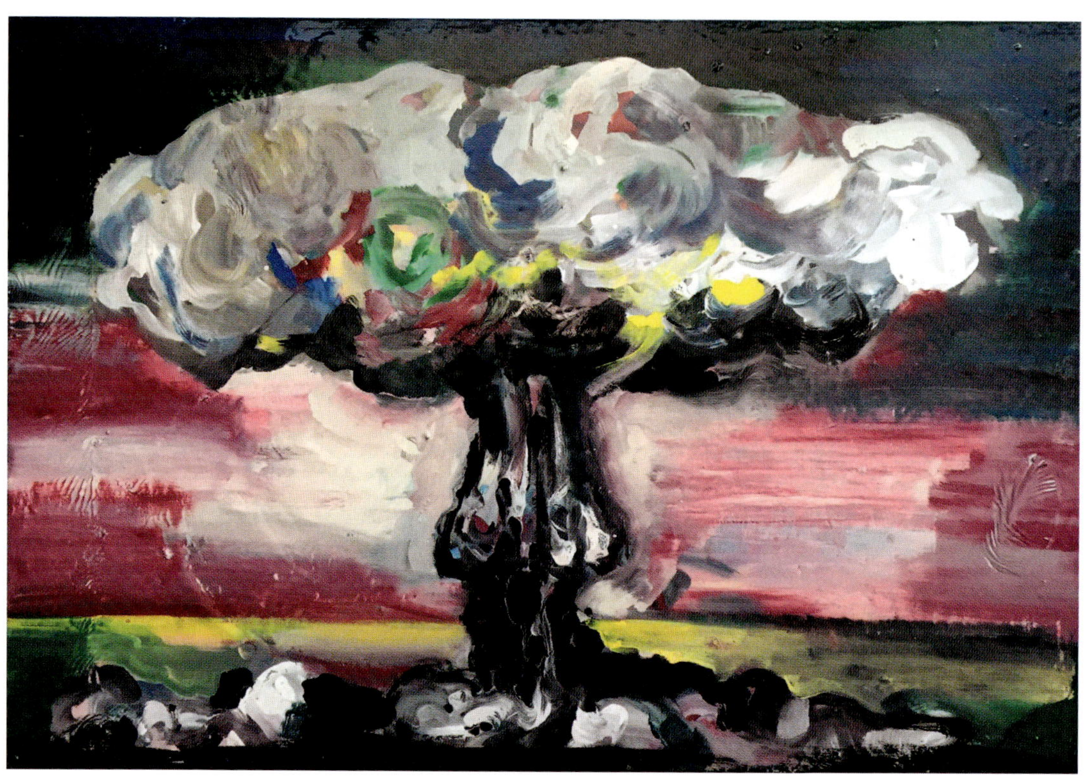

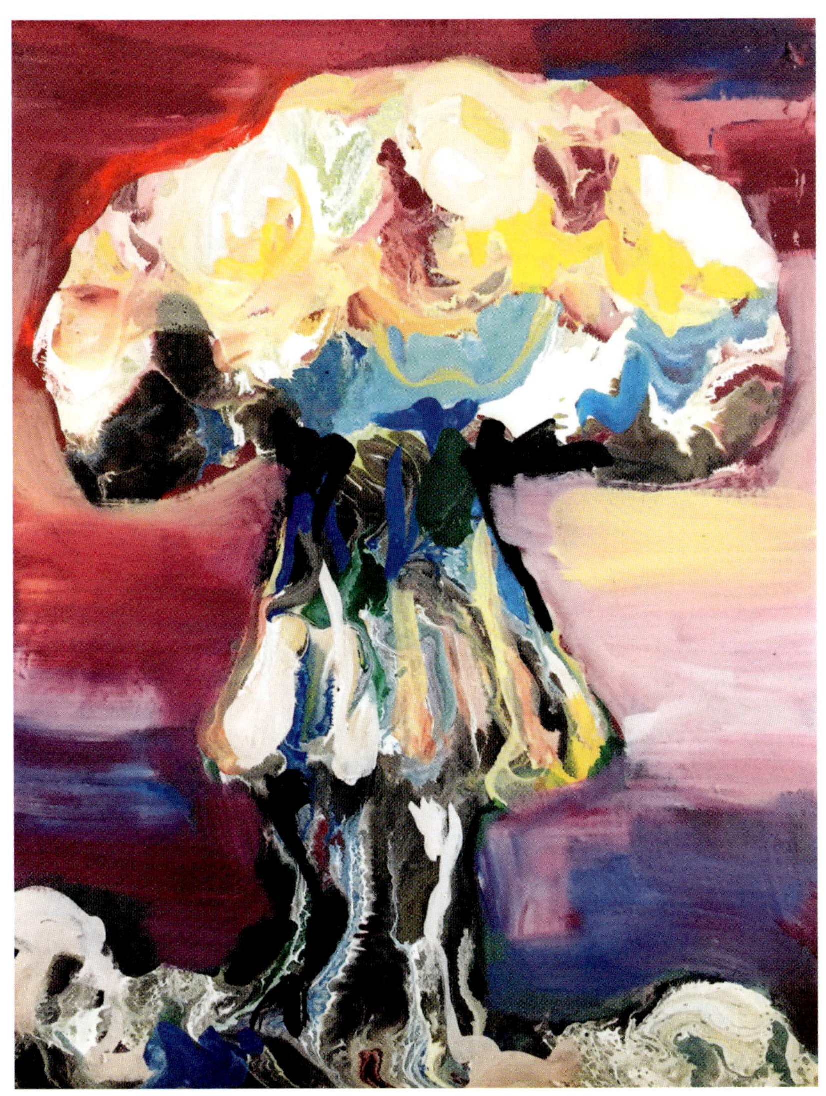

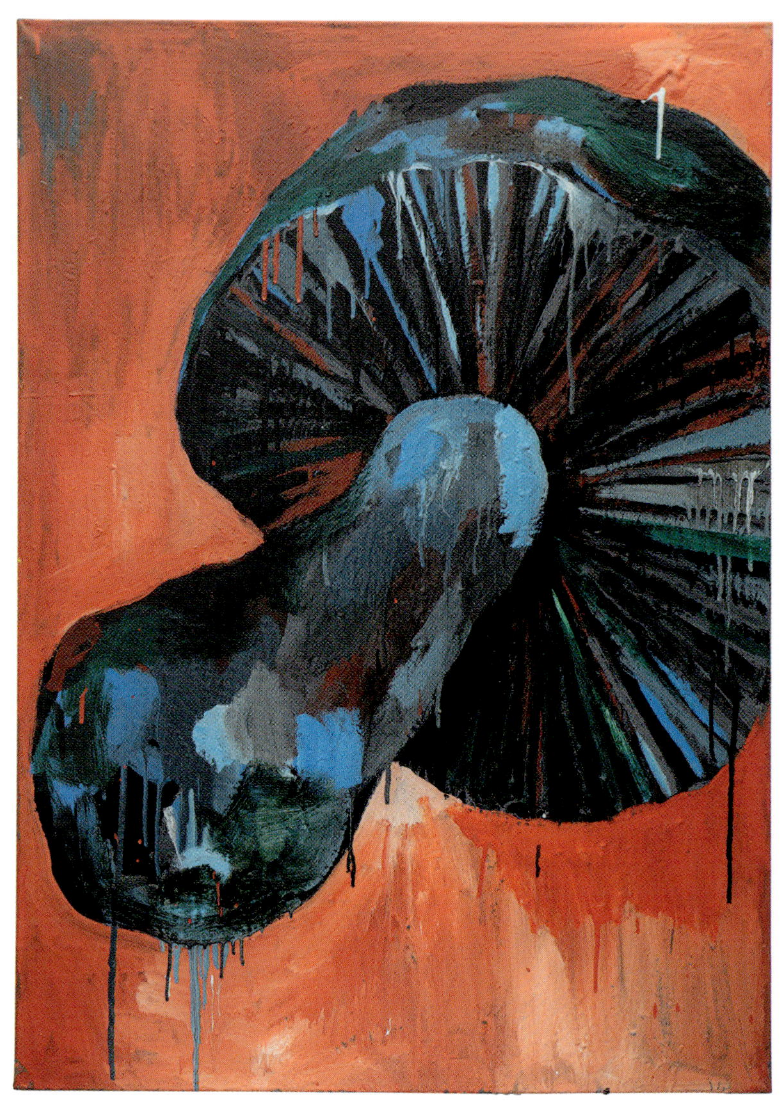

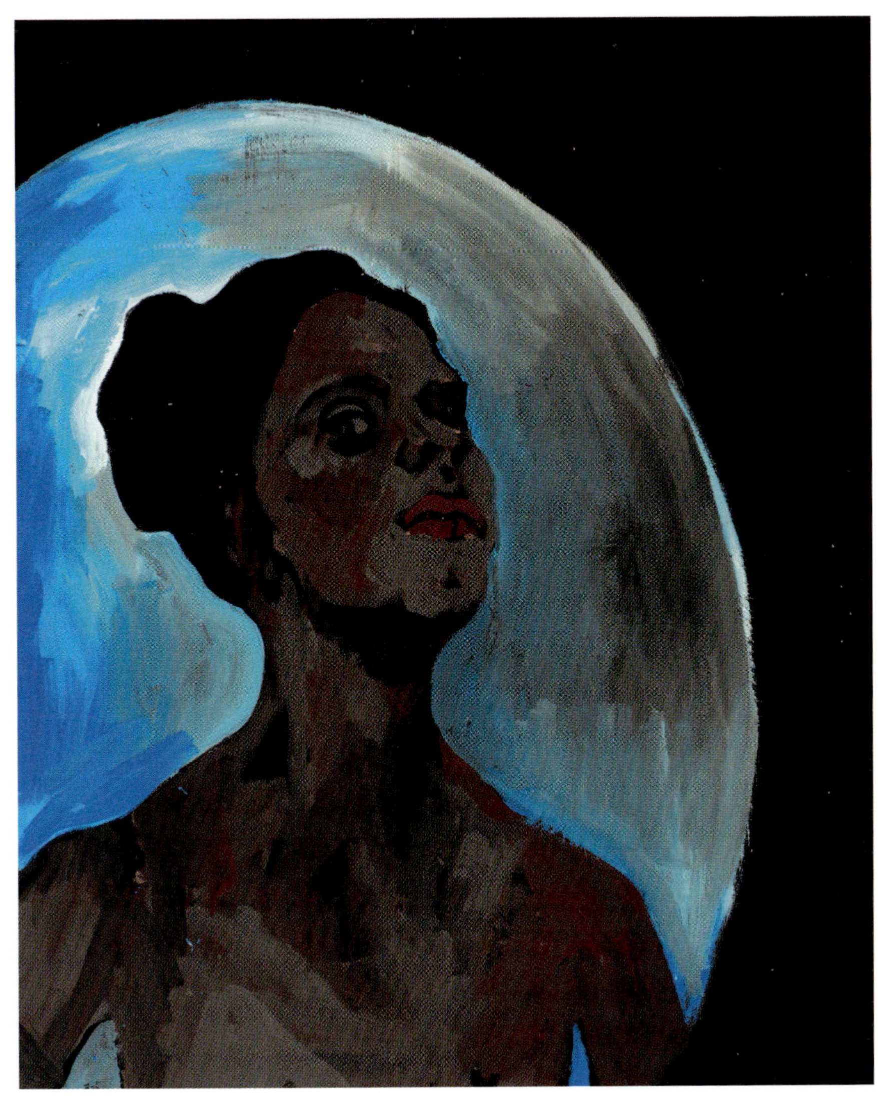

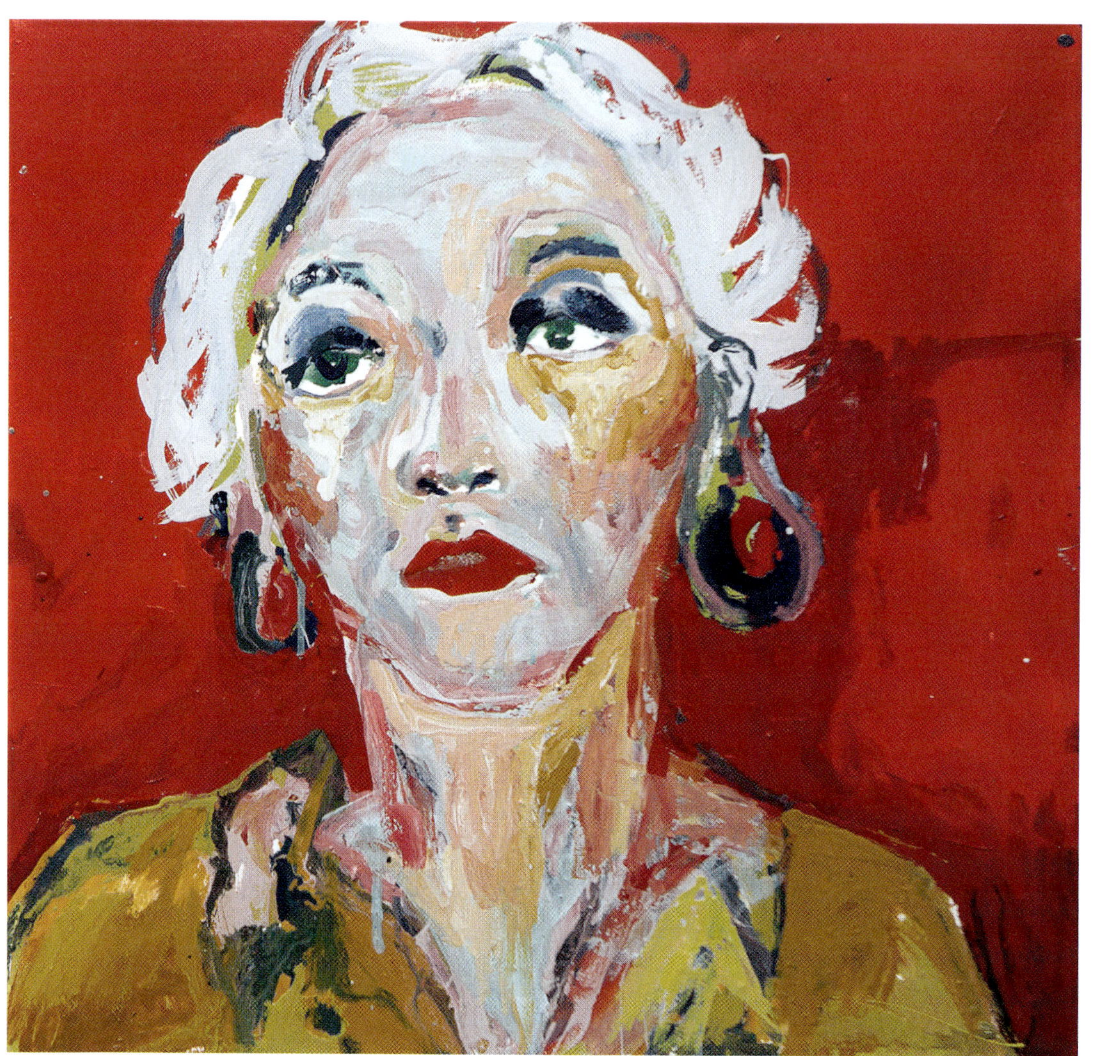

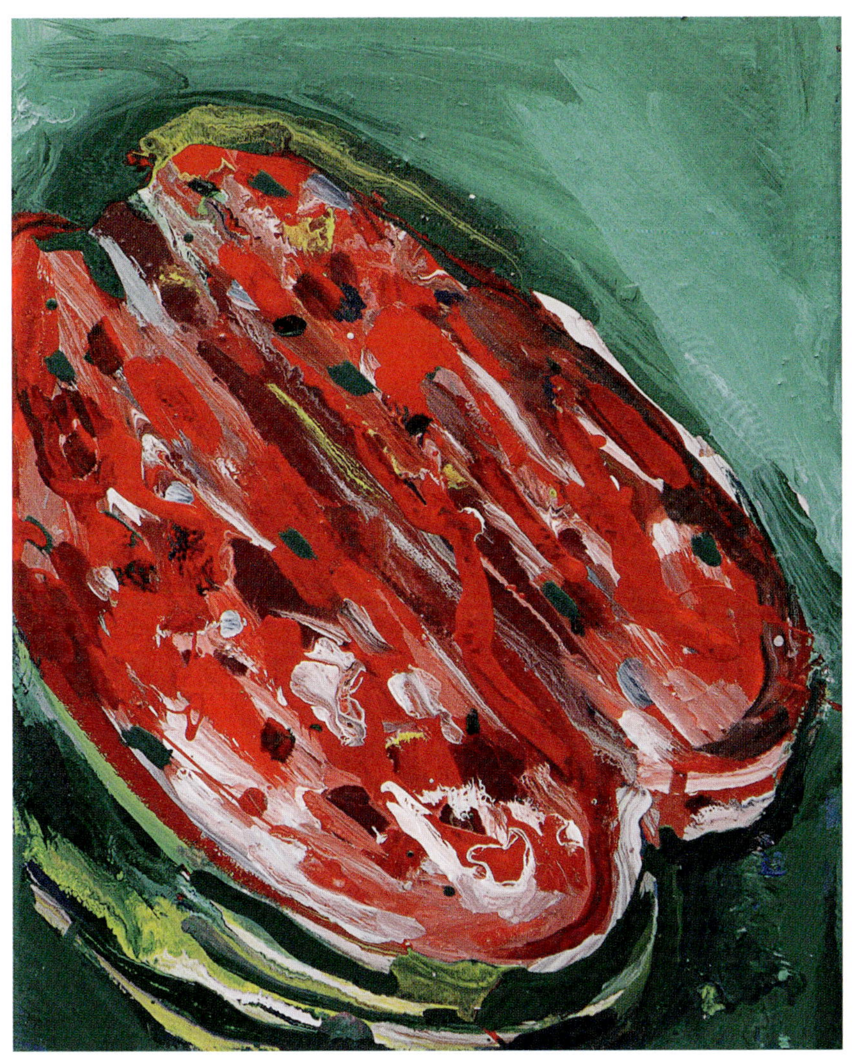

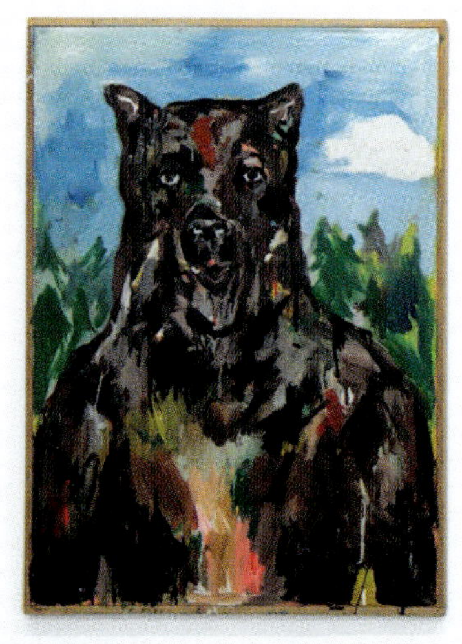
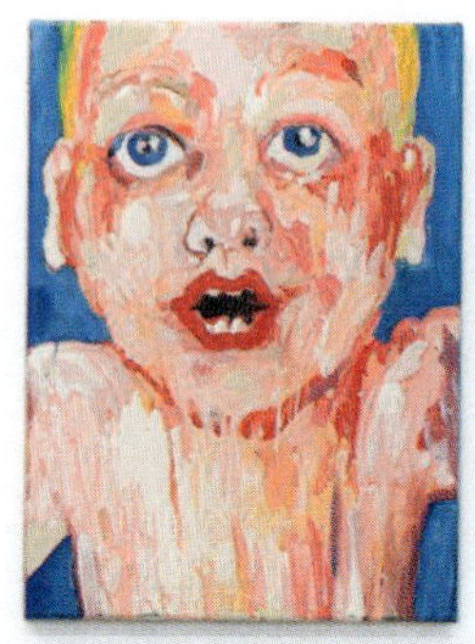
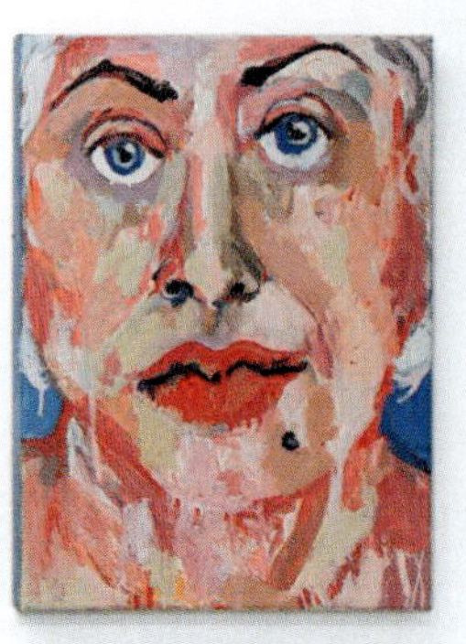
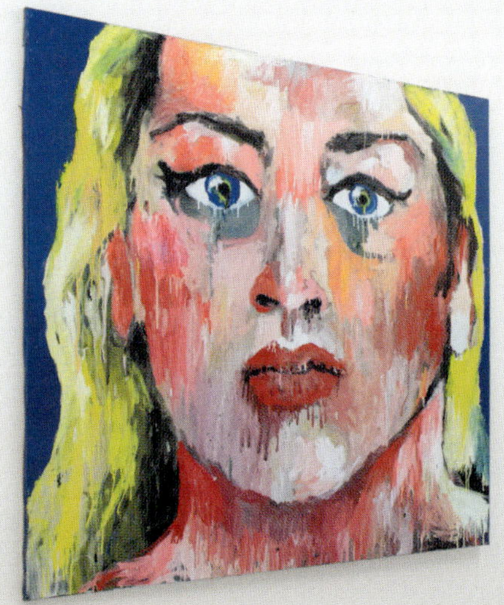
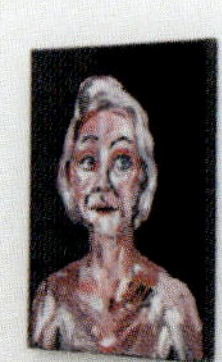
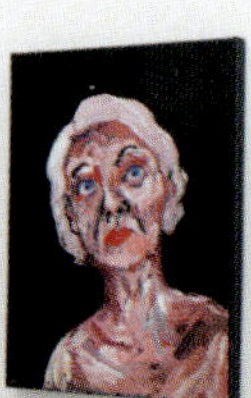
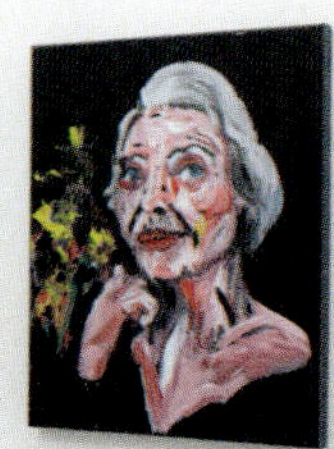

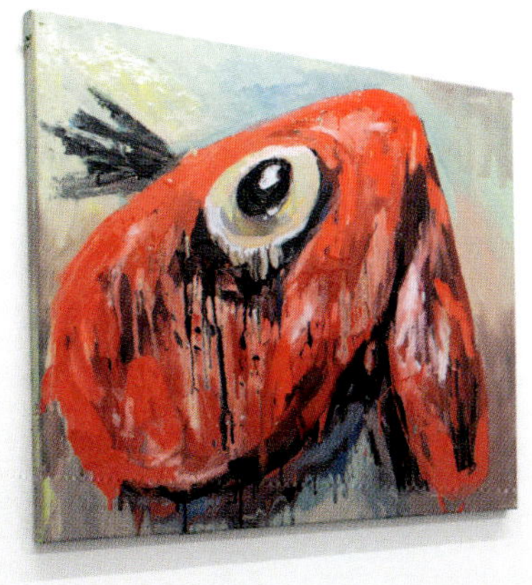
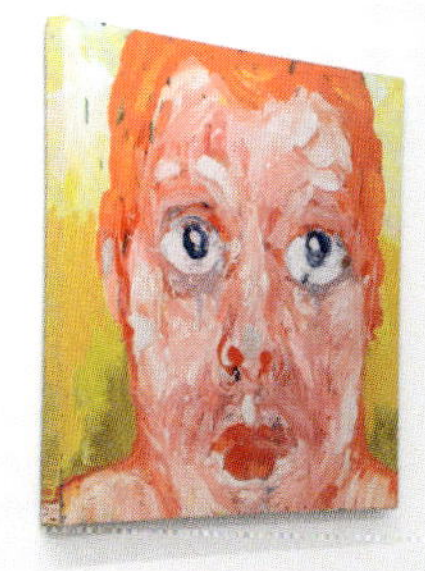
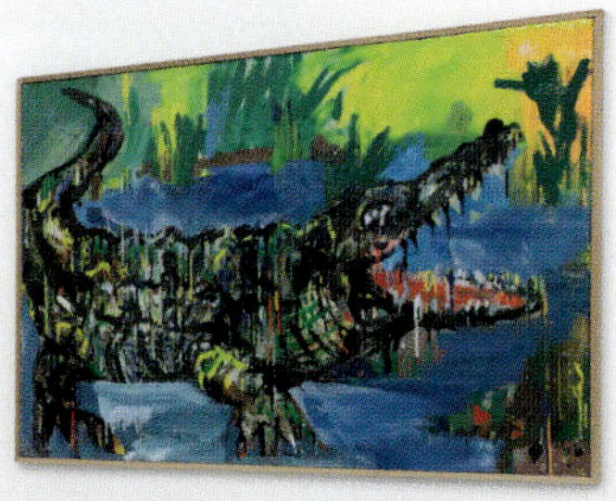
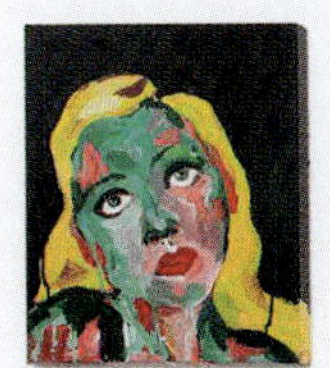
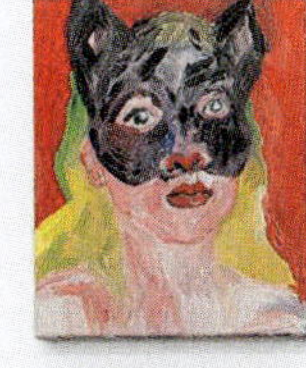
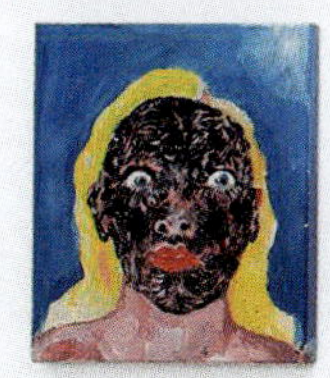
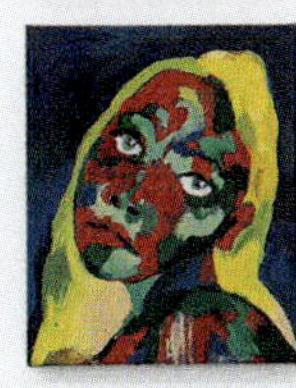
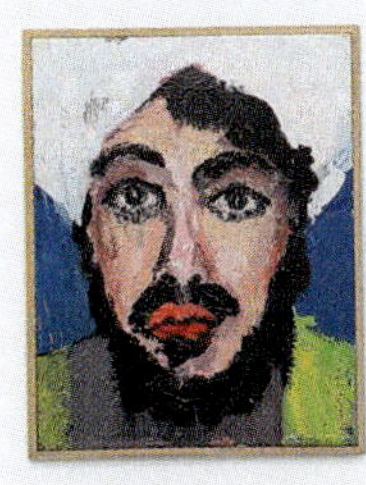
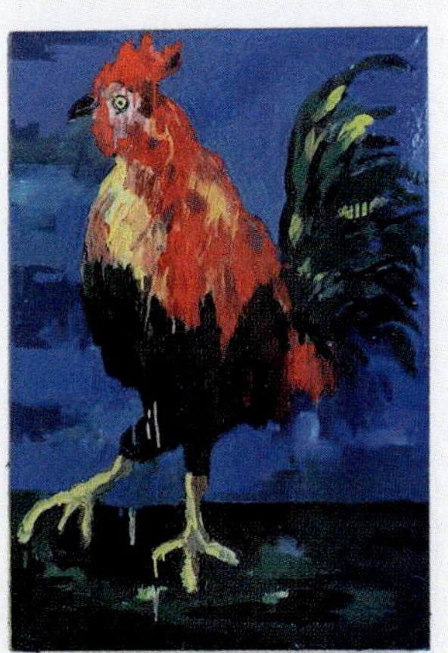

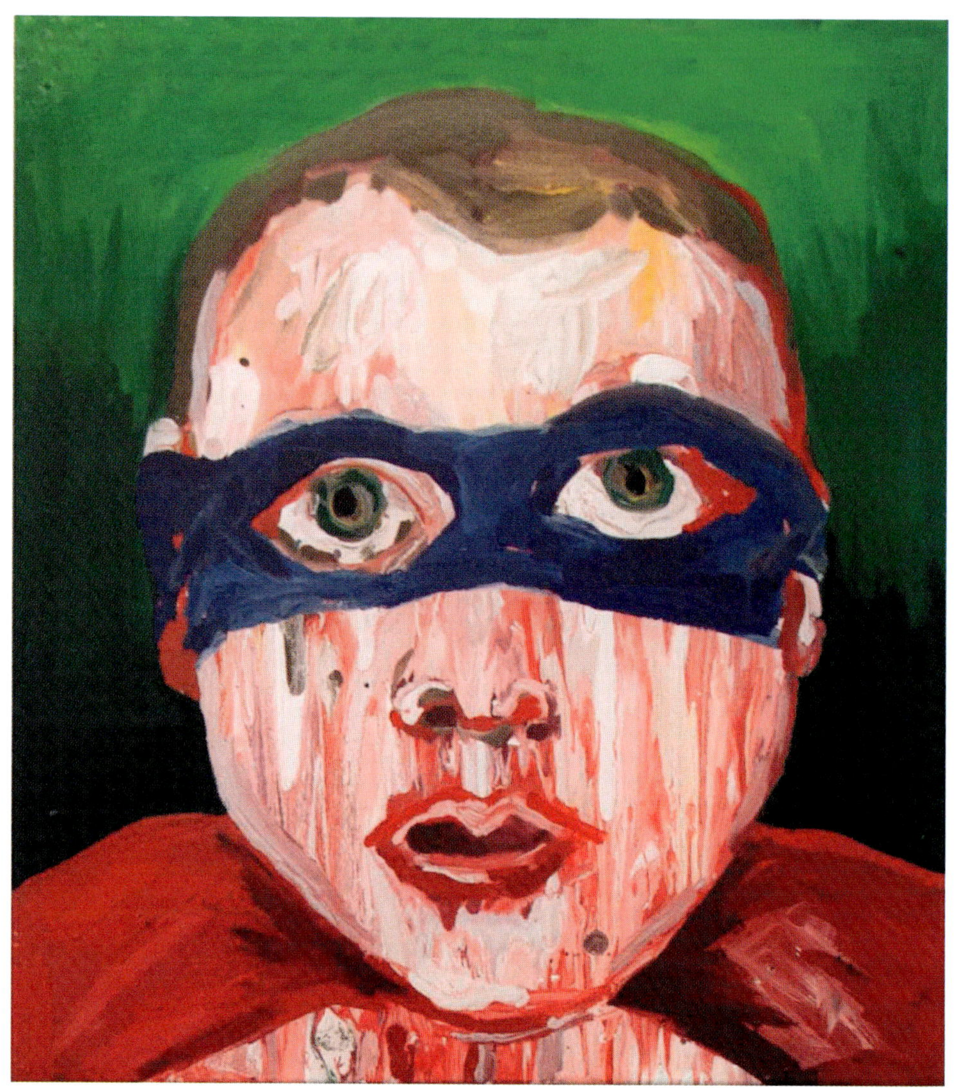

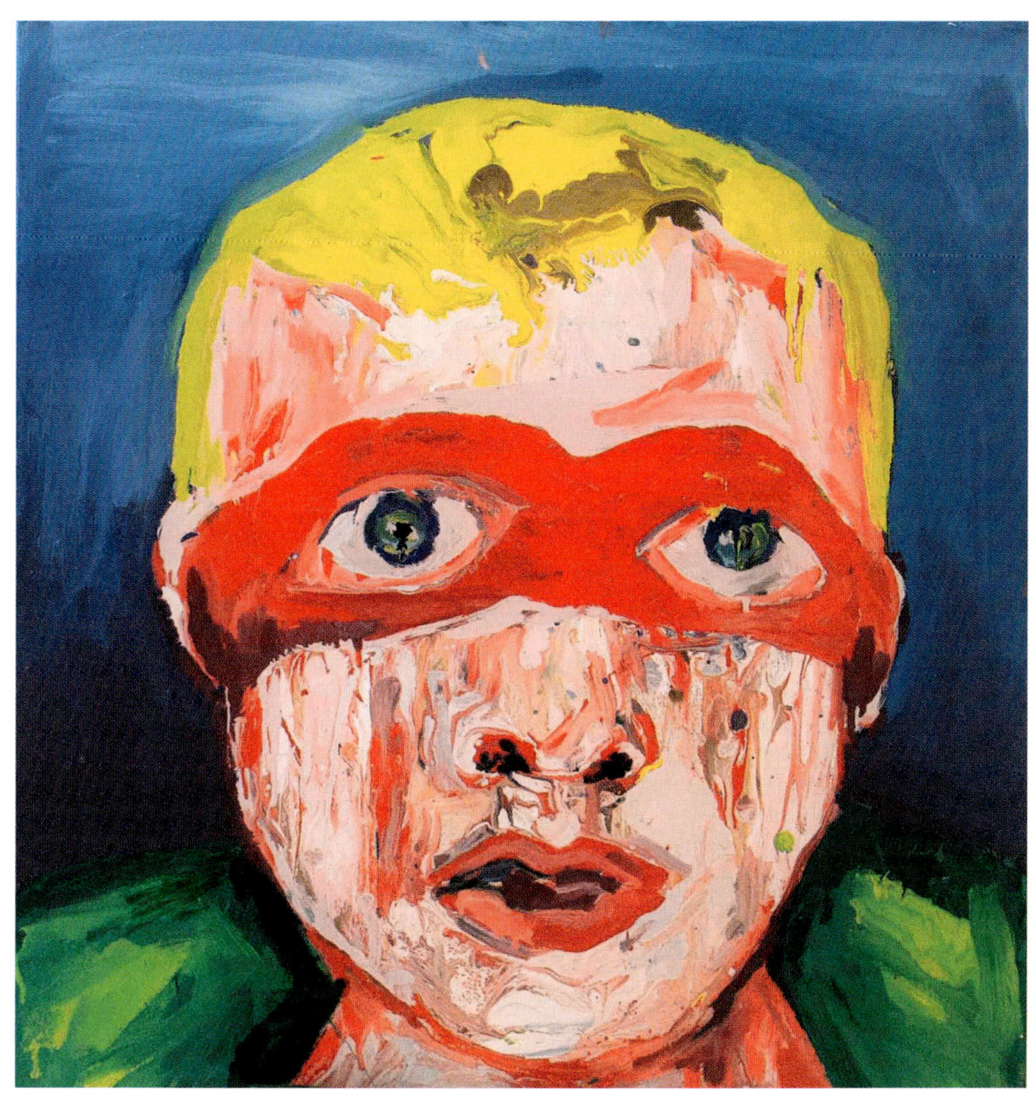

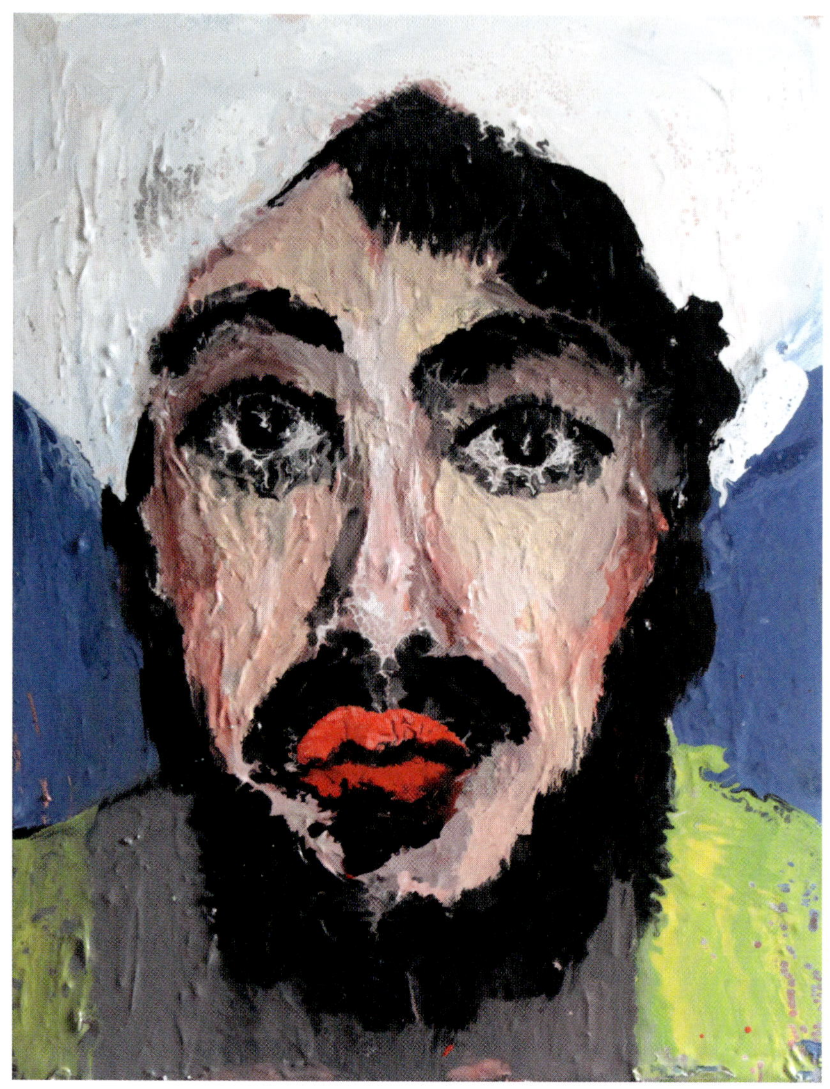

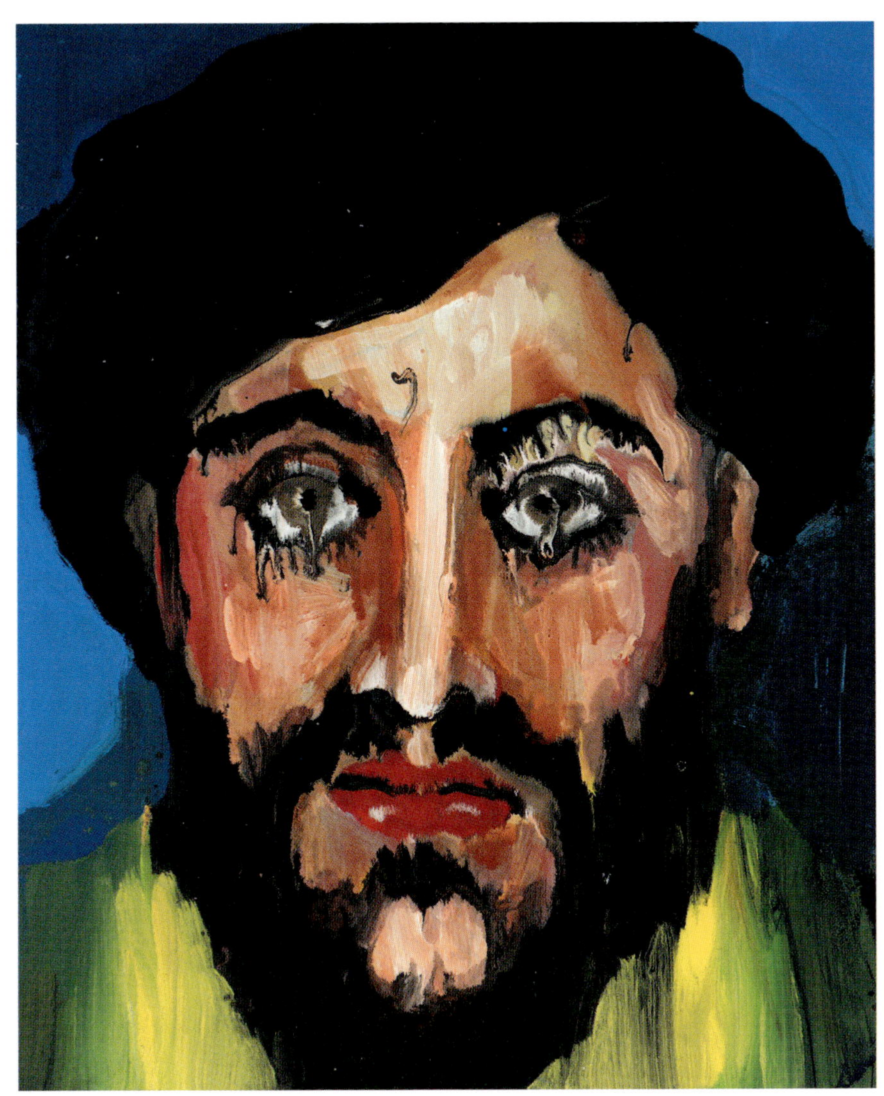

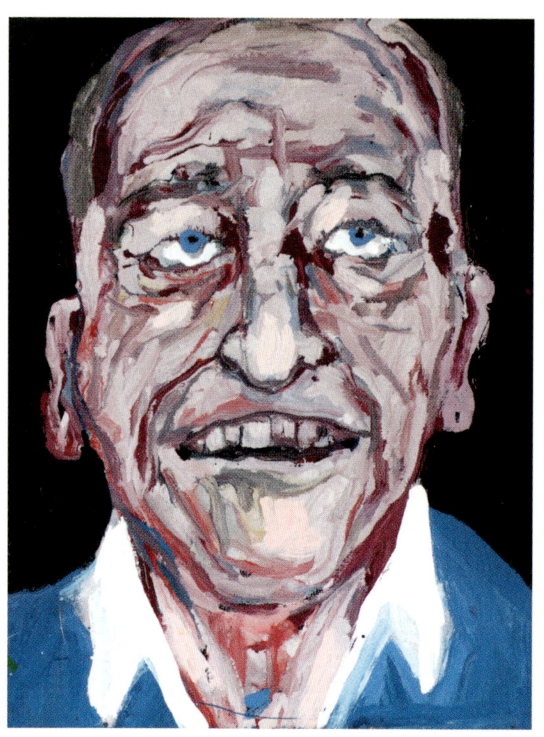

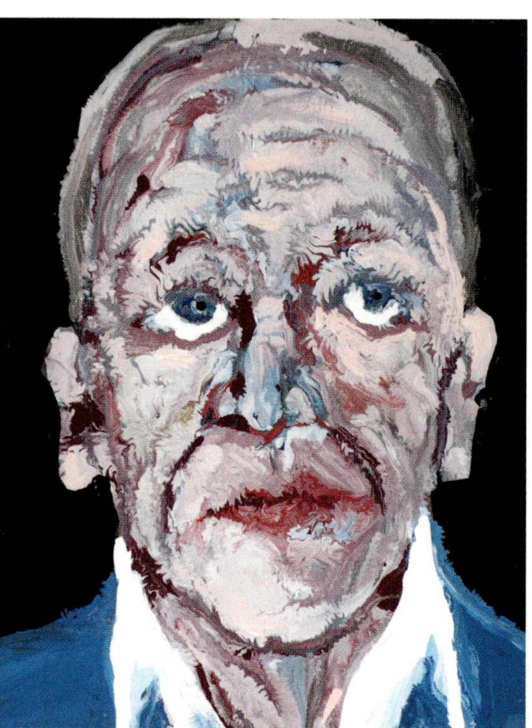

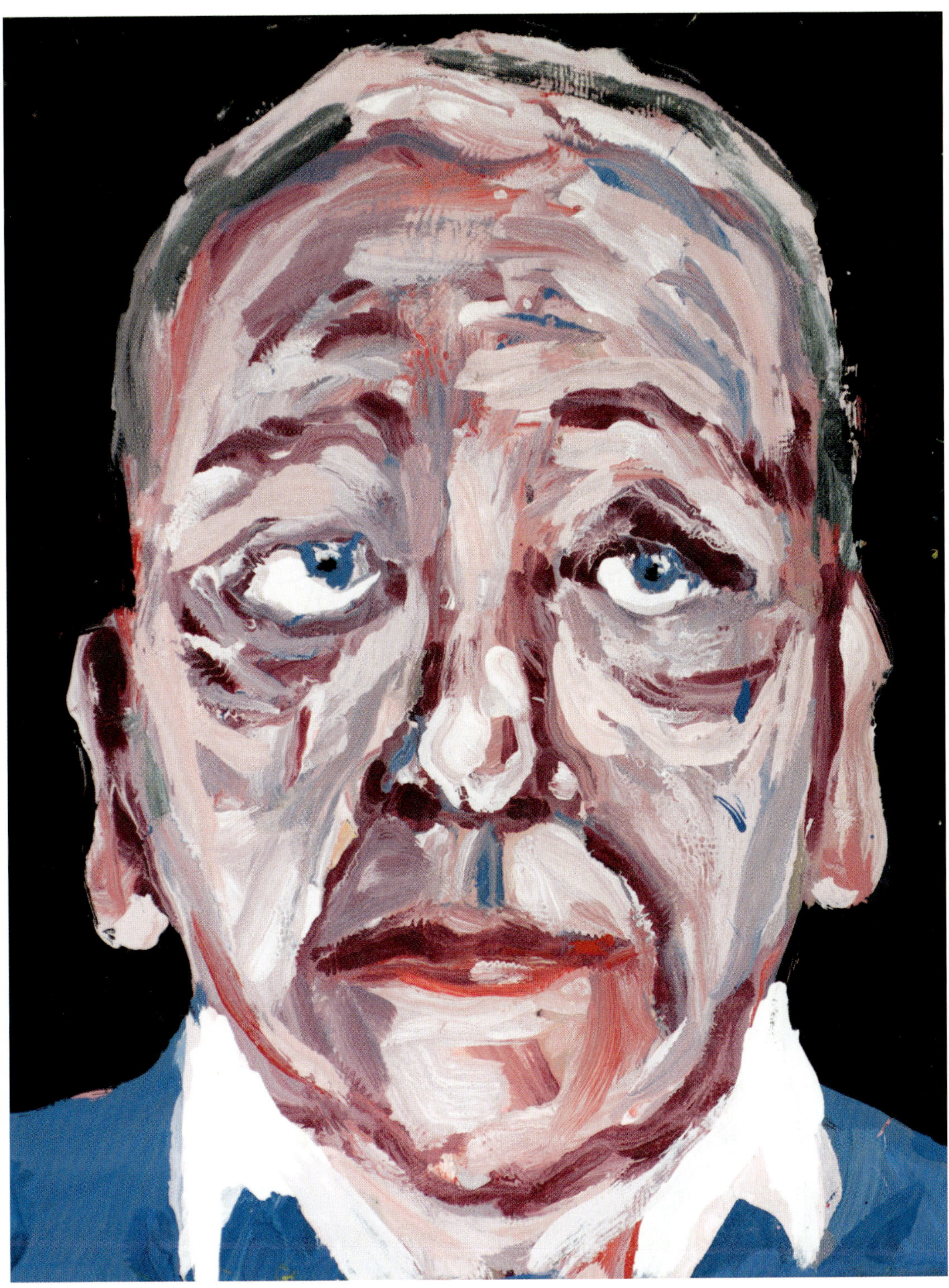

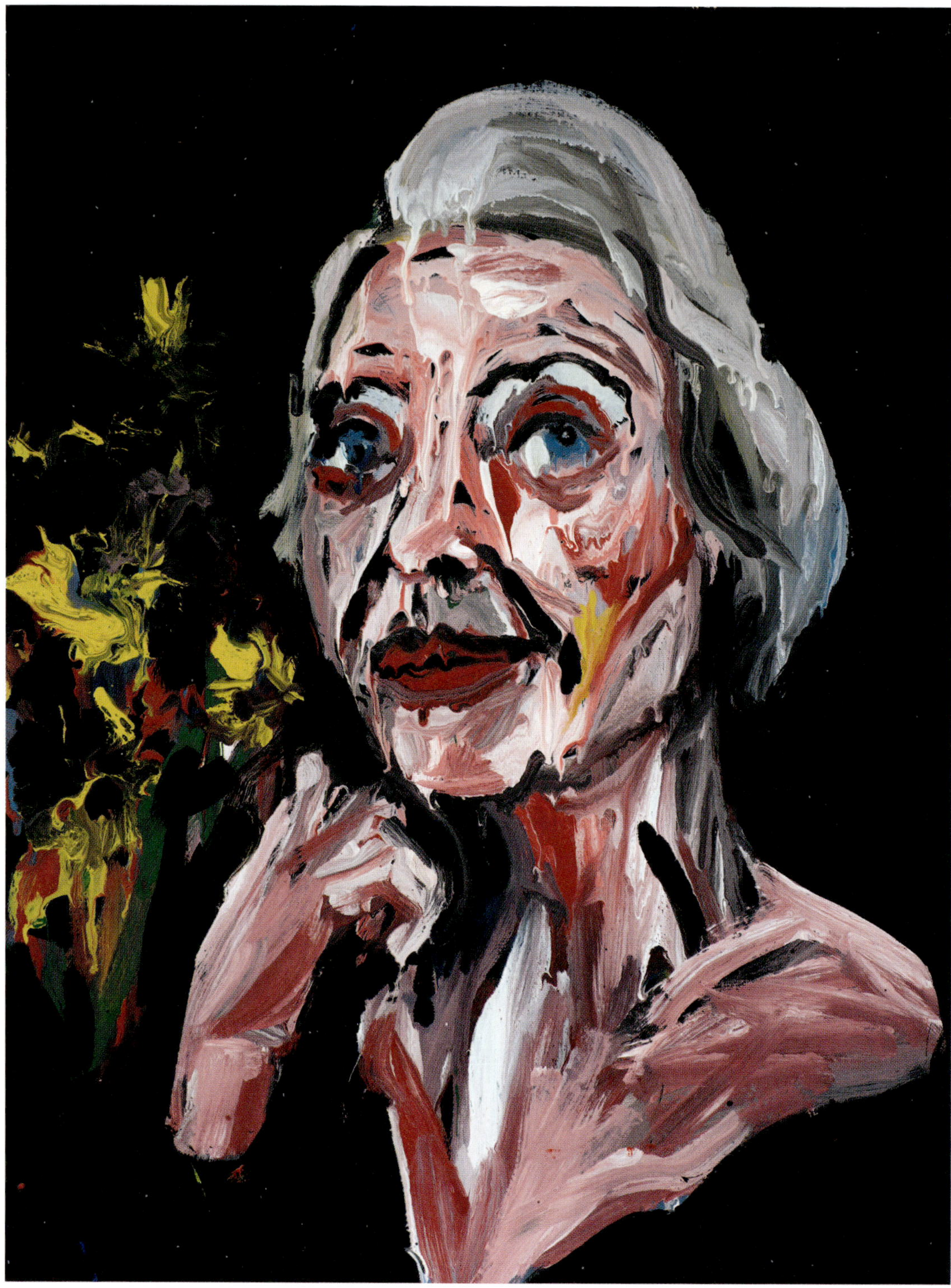

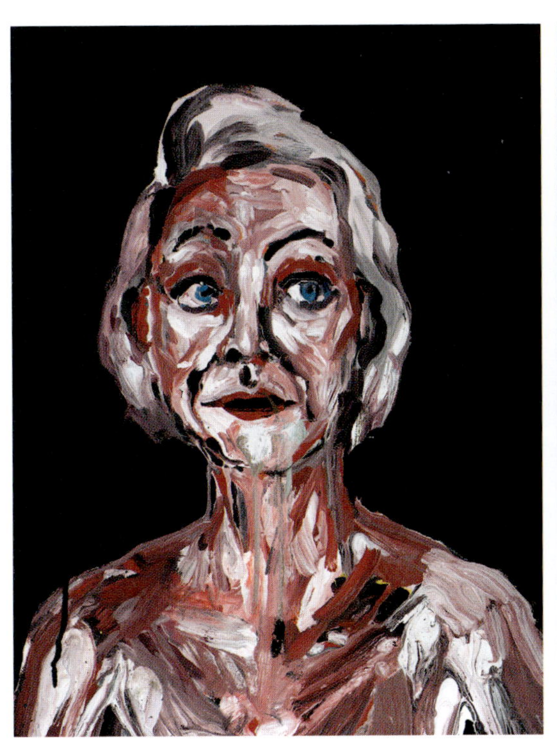
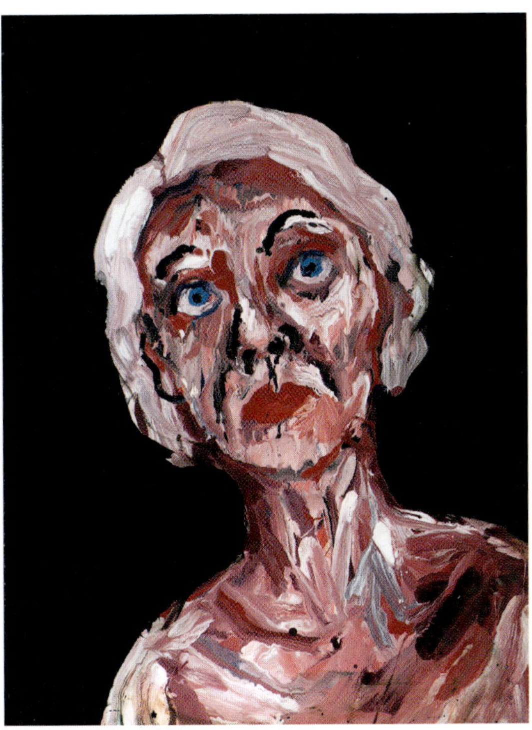

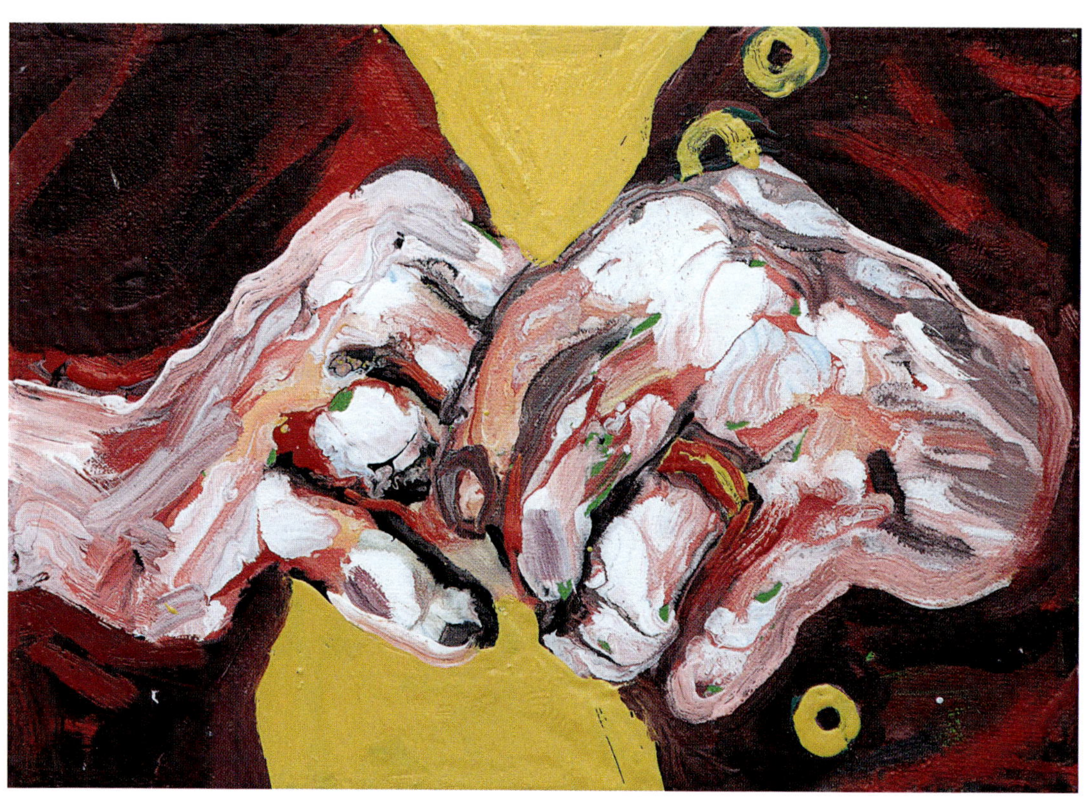

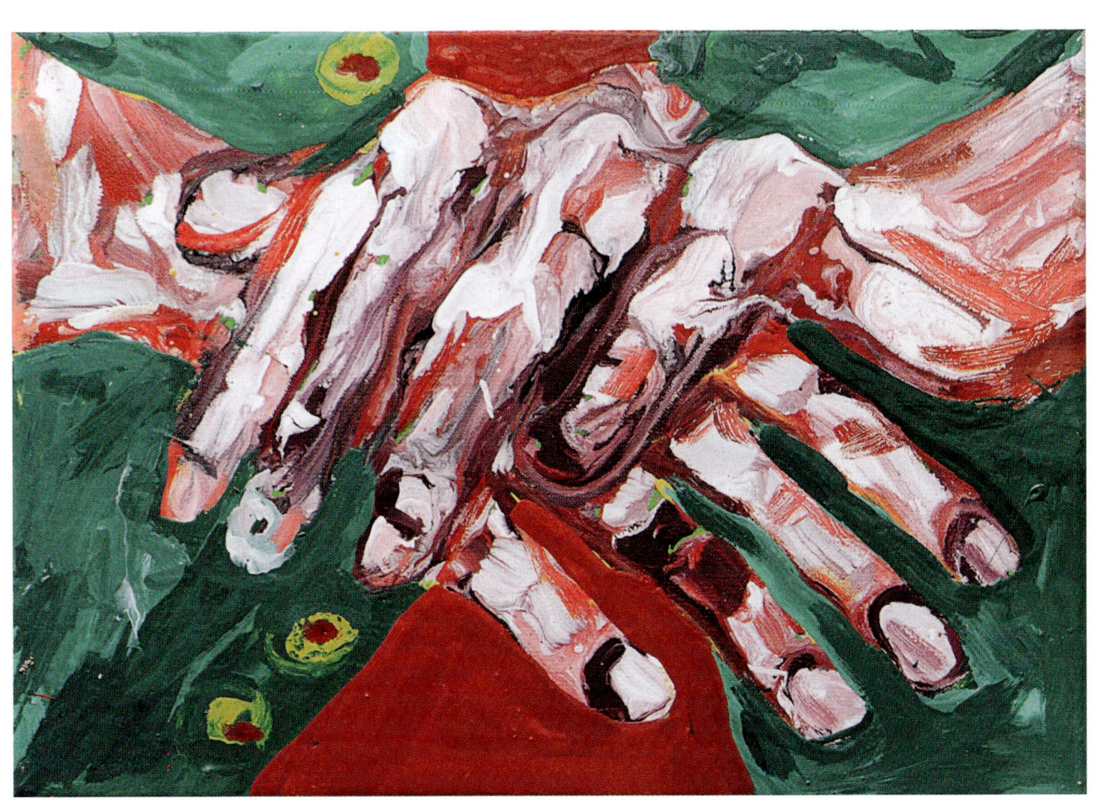

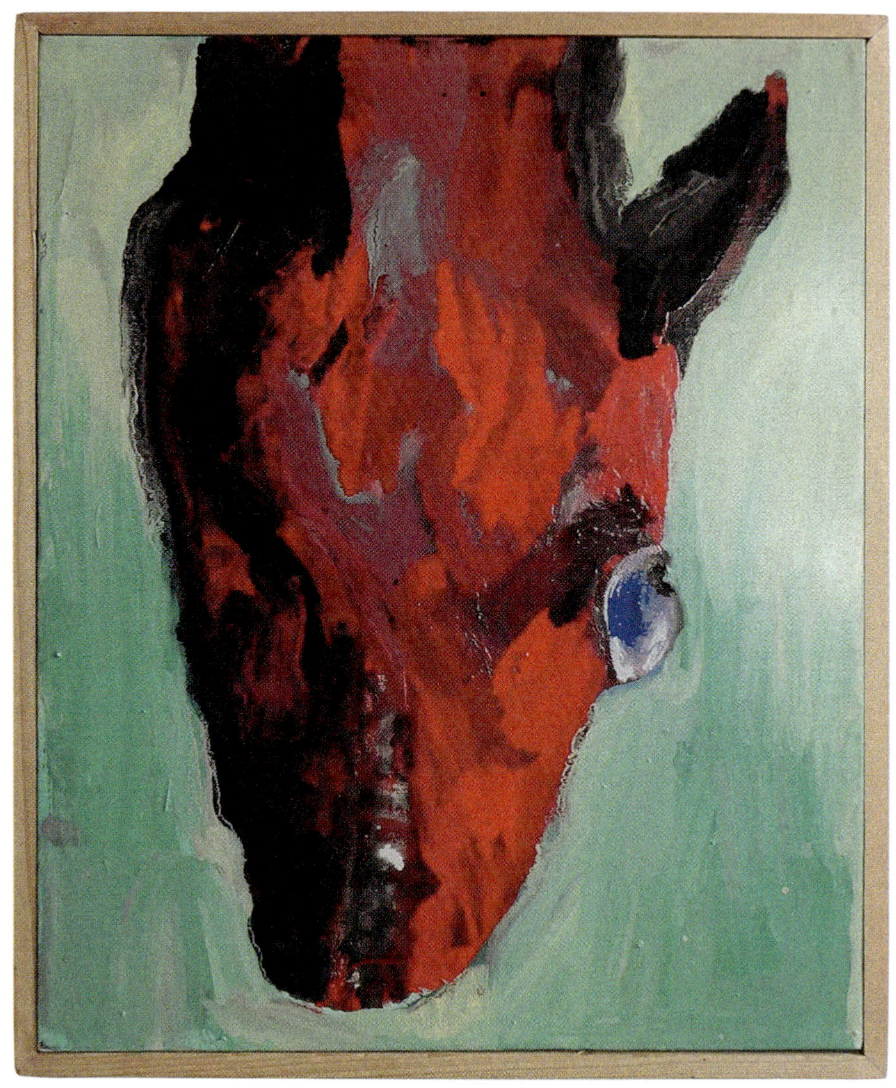

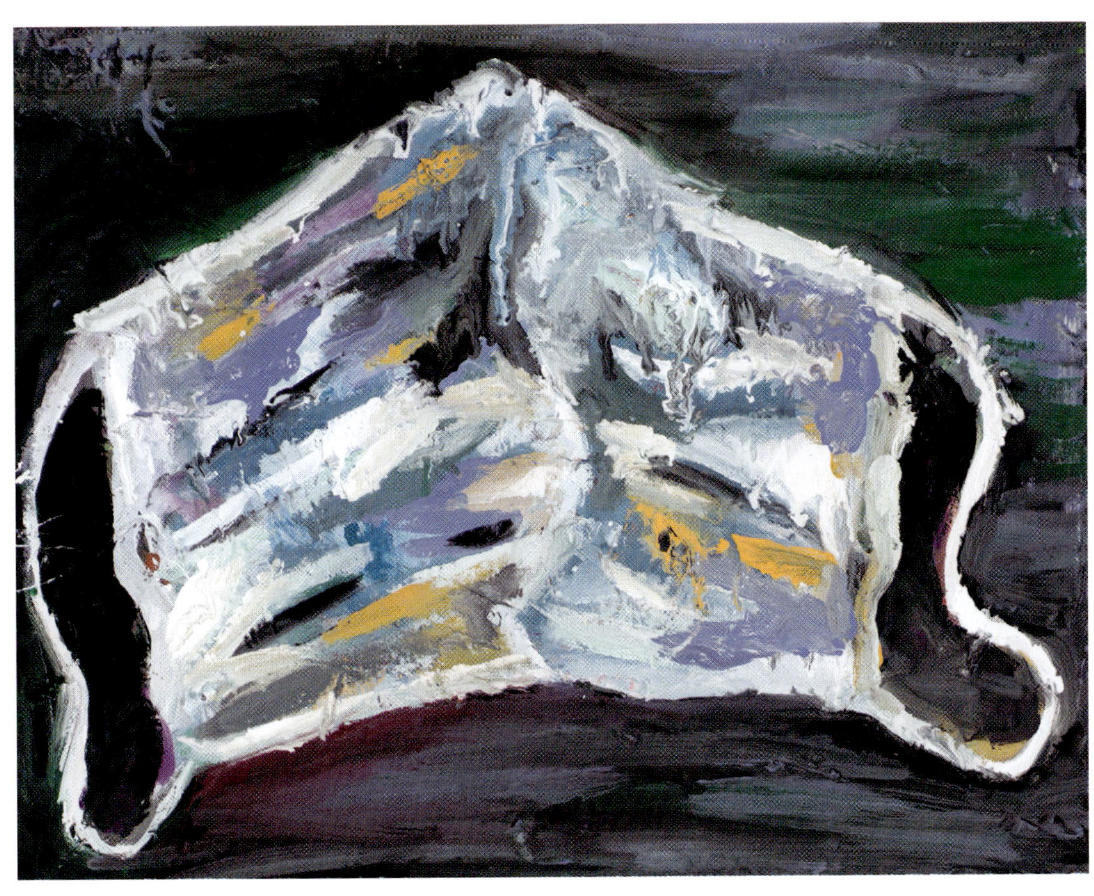

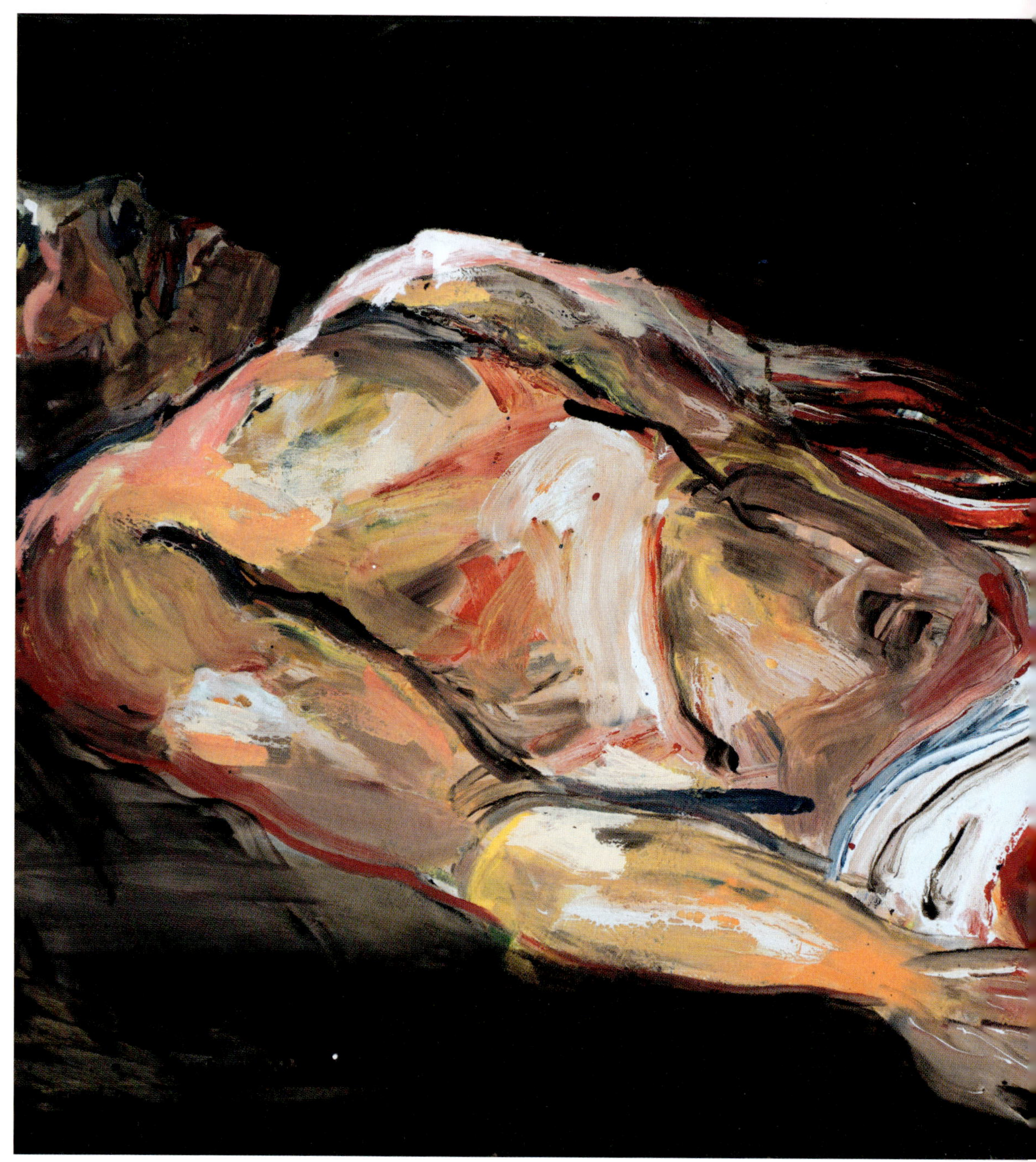

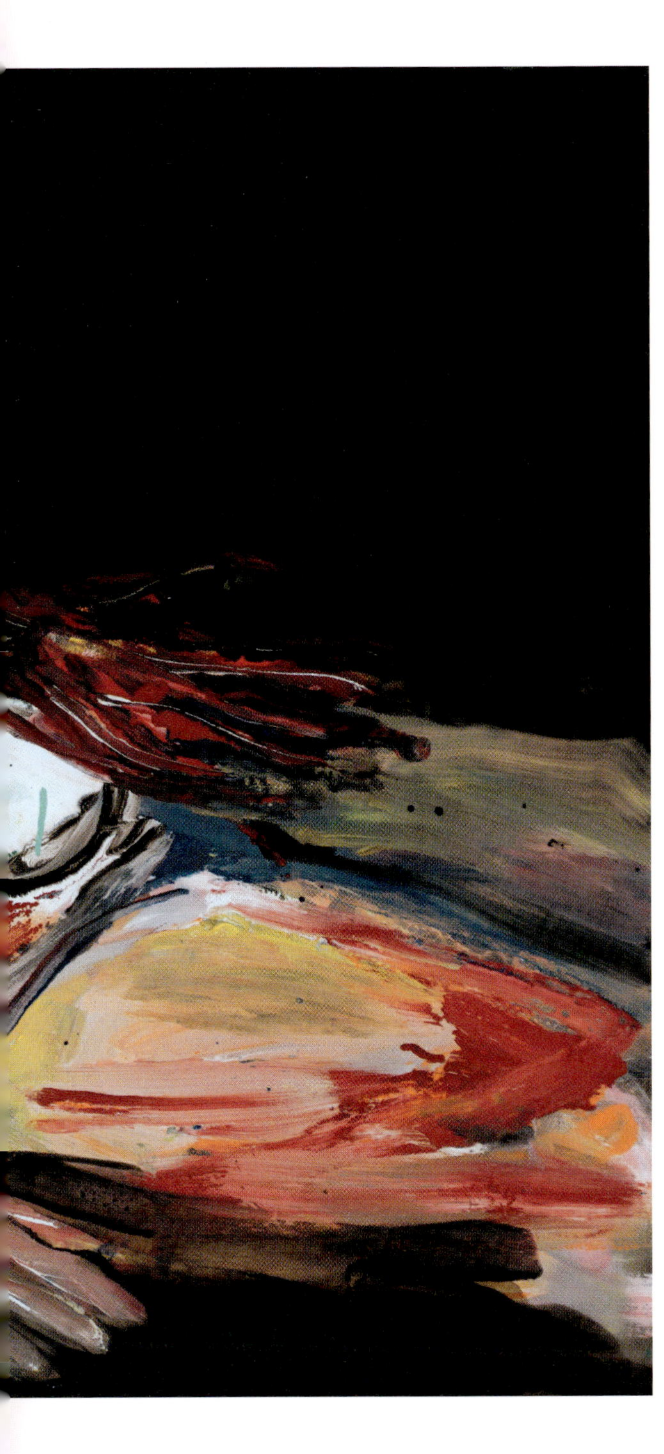

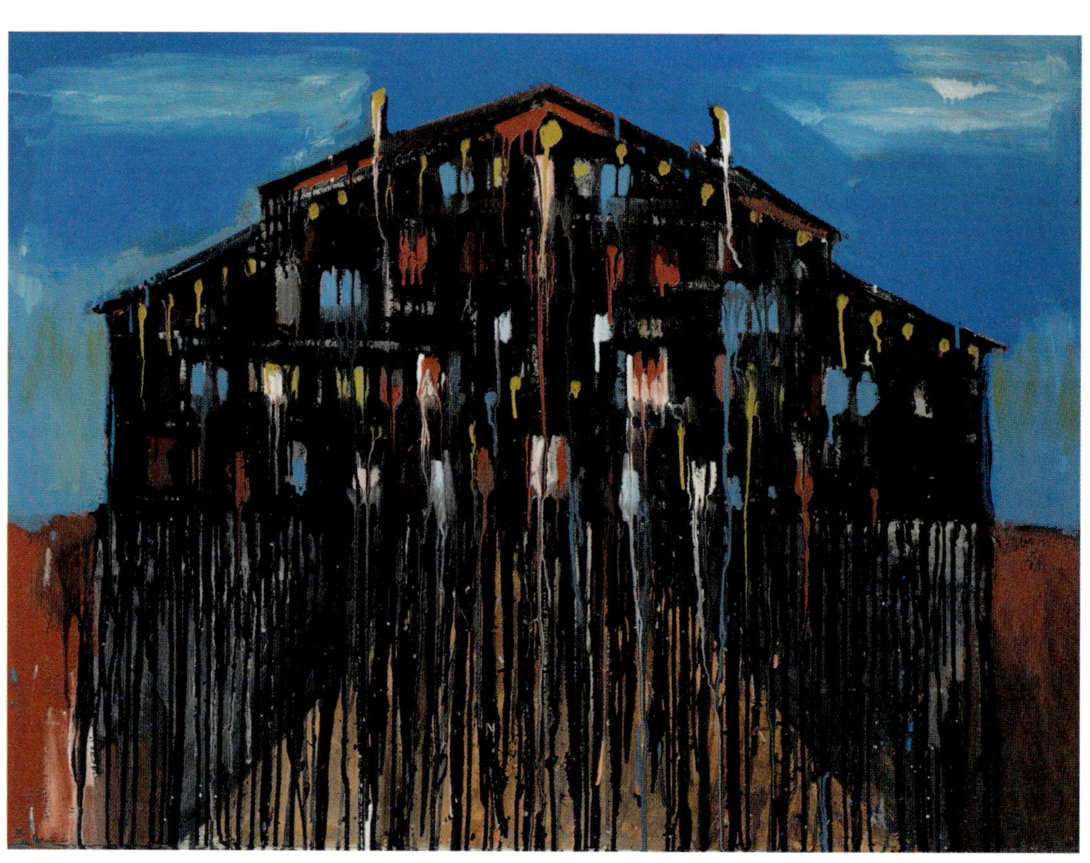

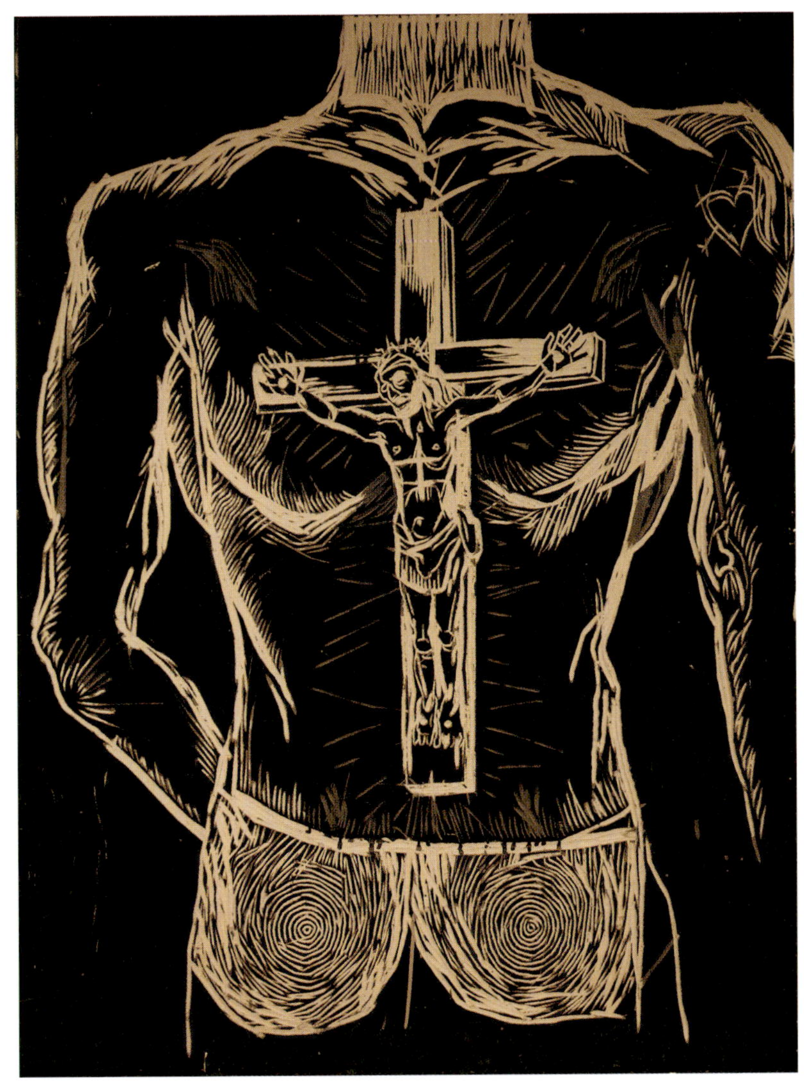

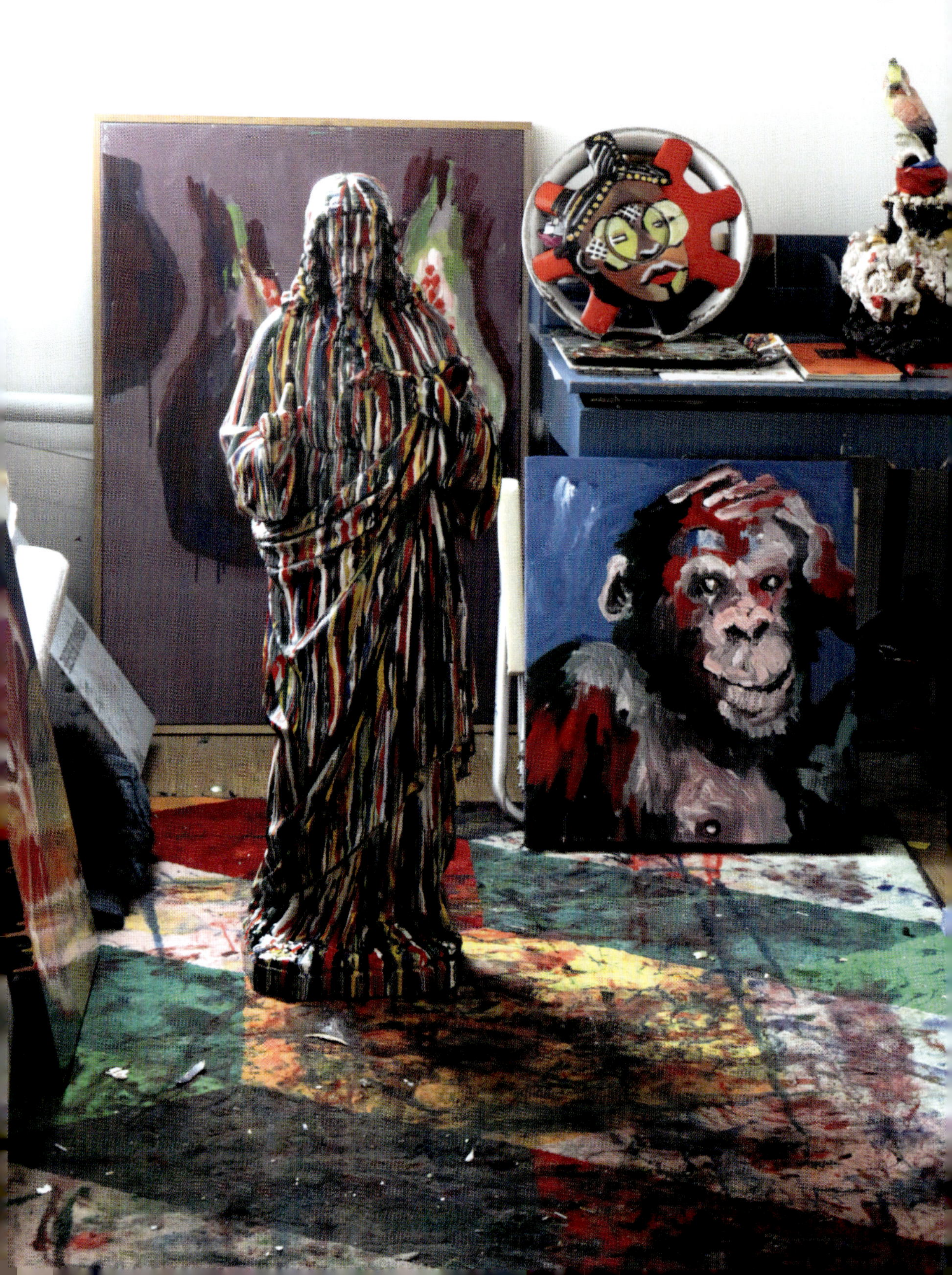

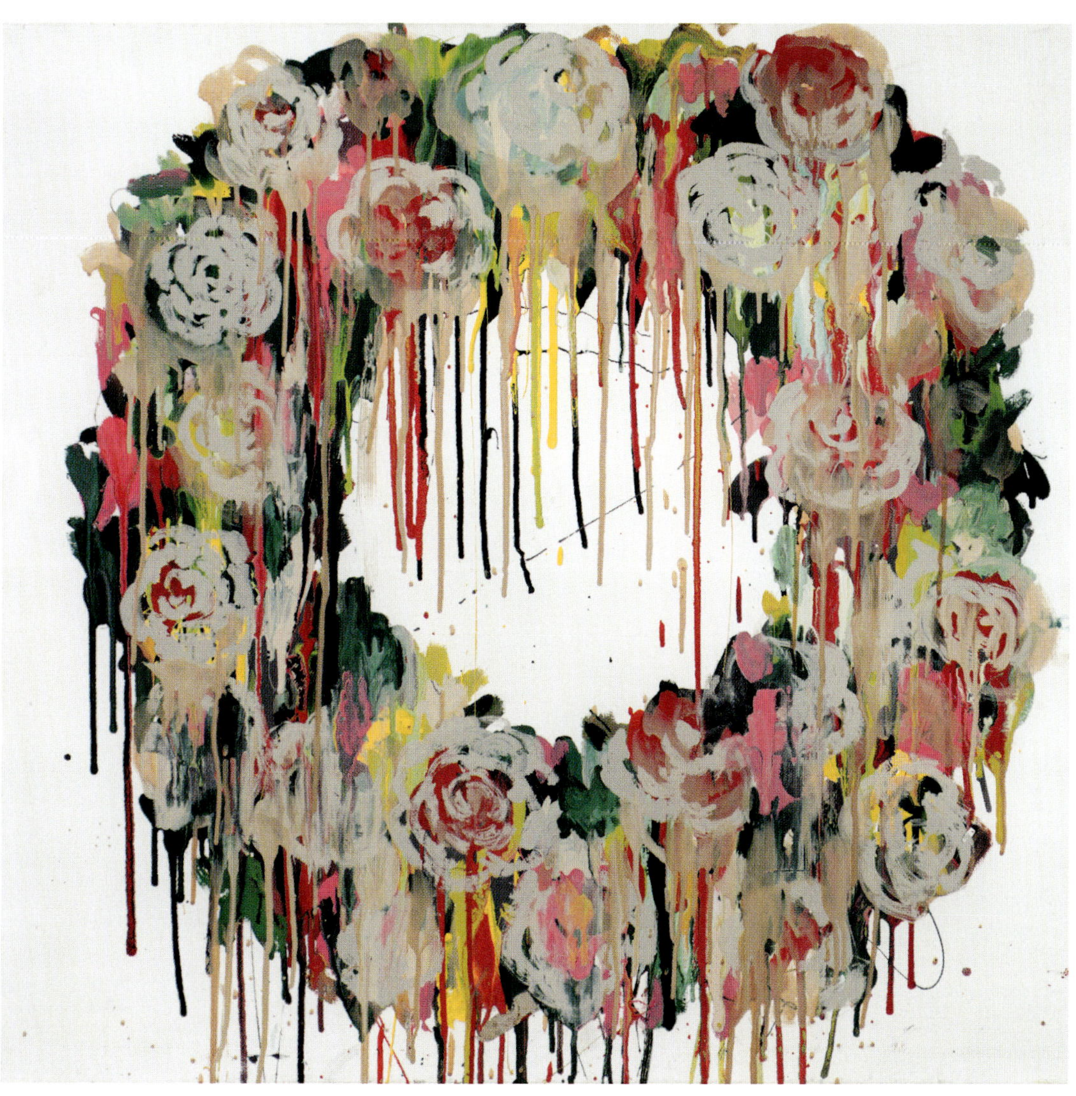

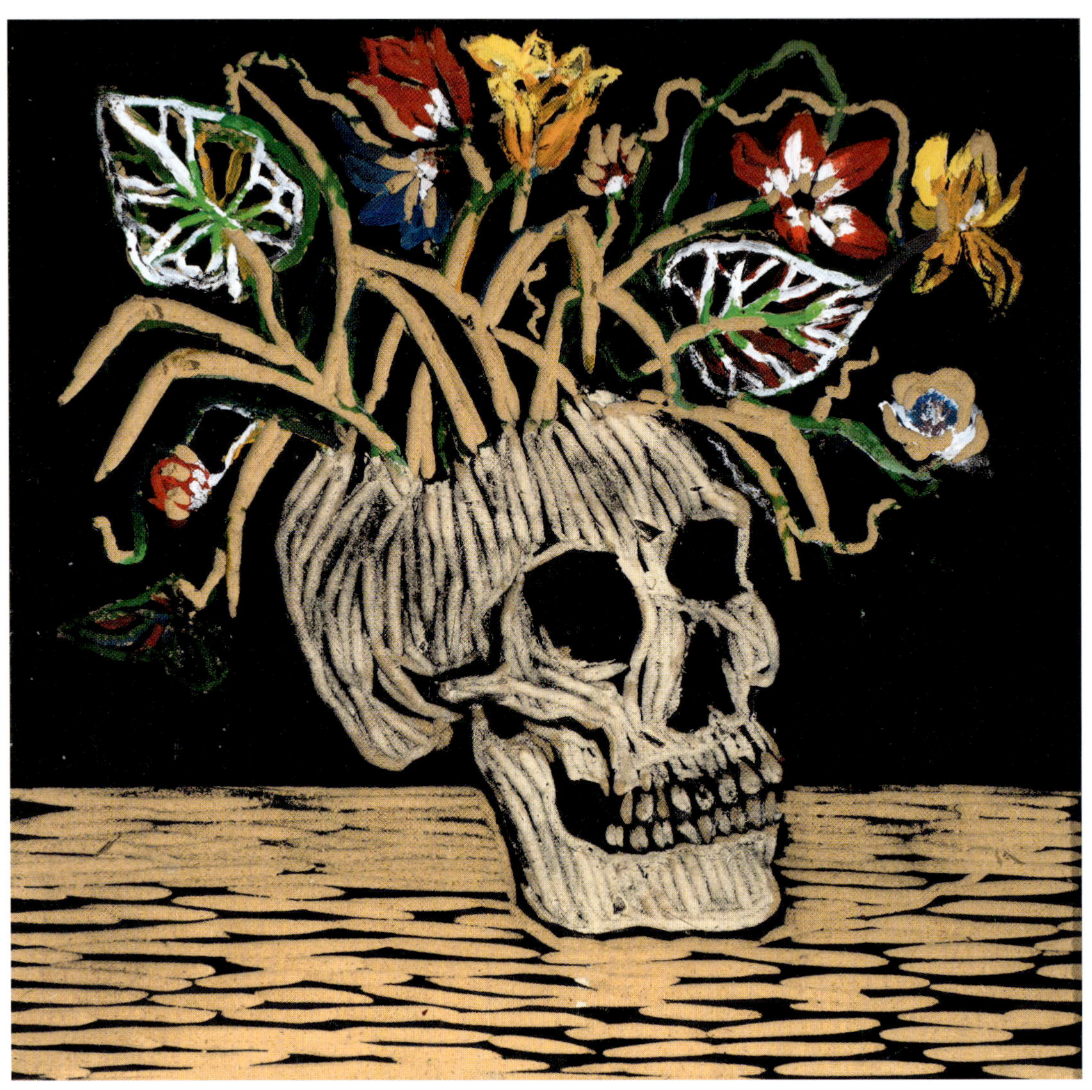

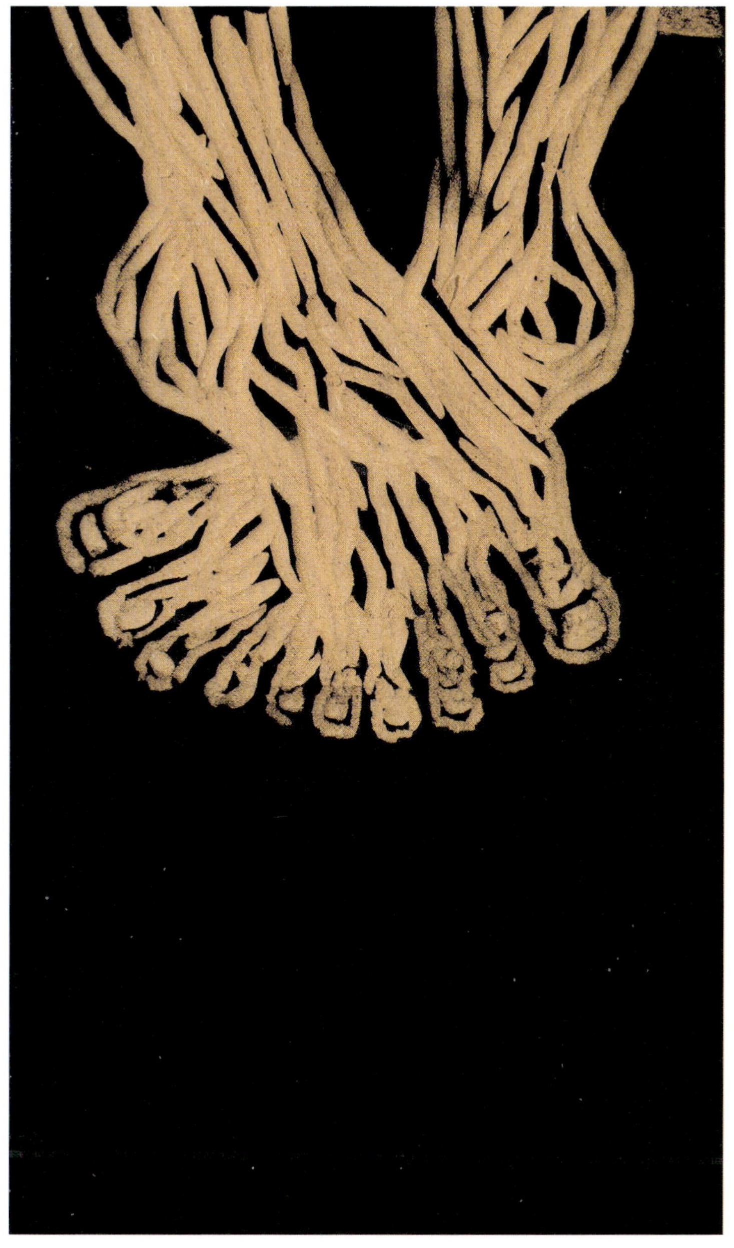

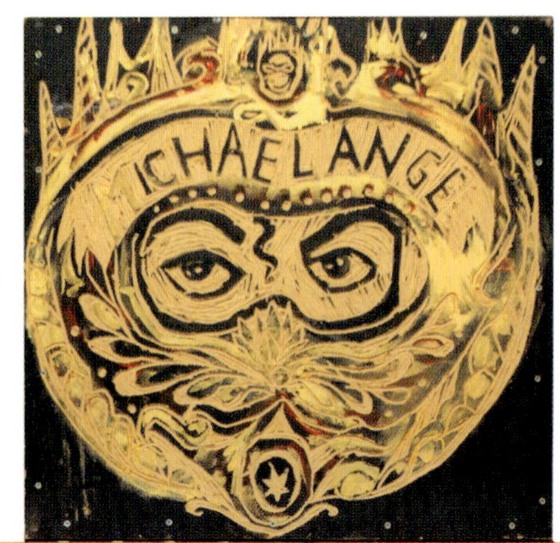
ICHAELANGE

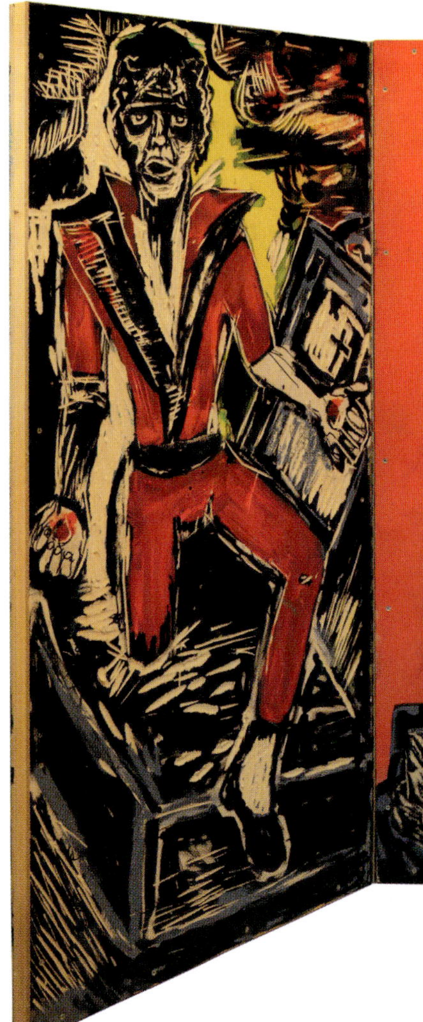

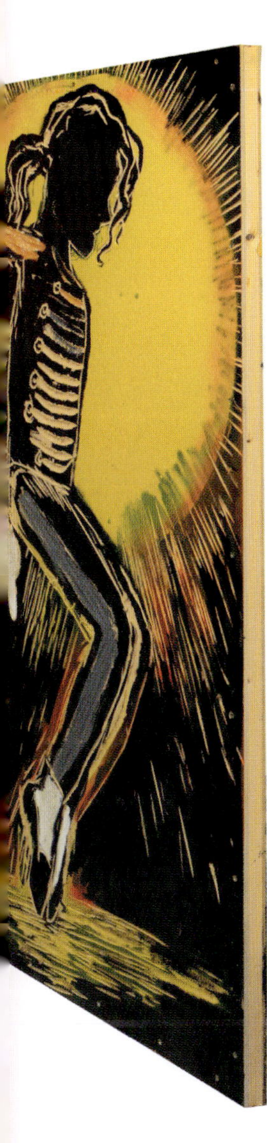

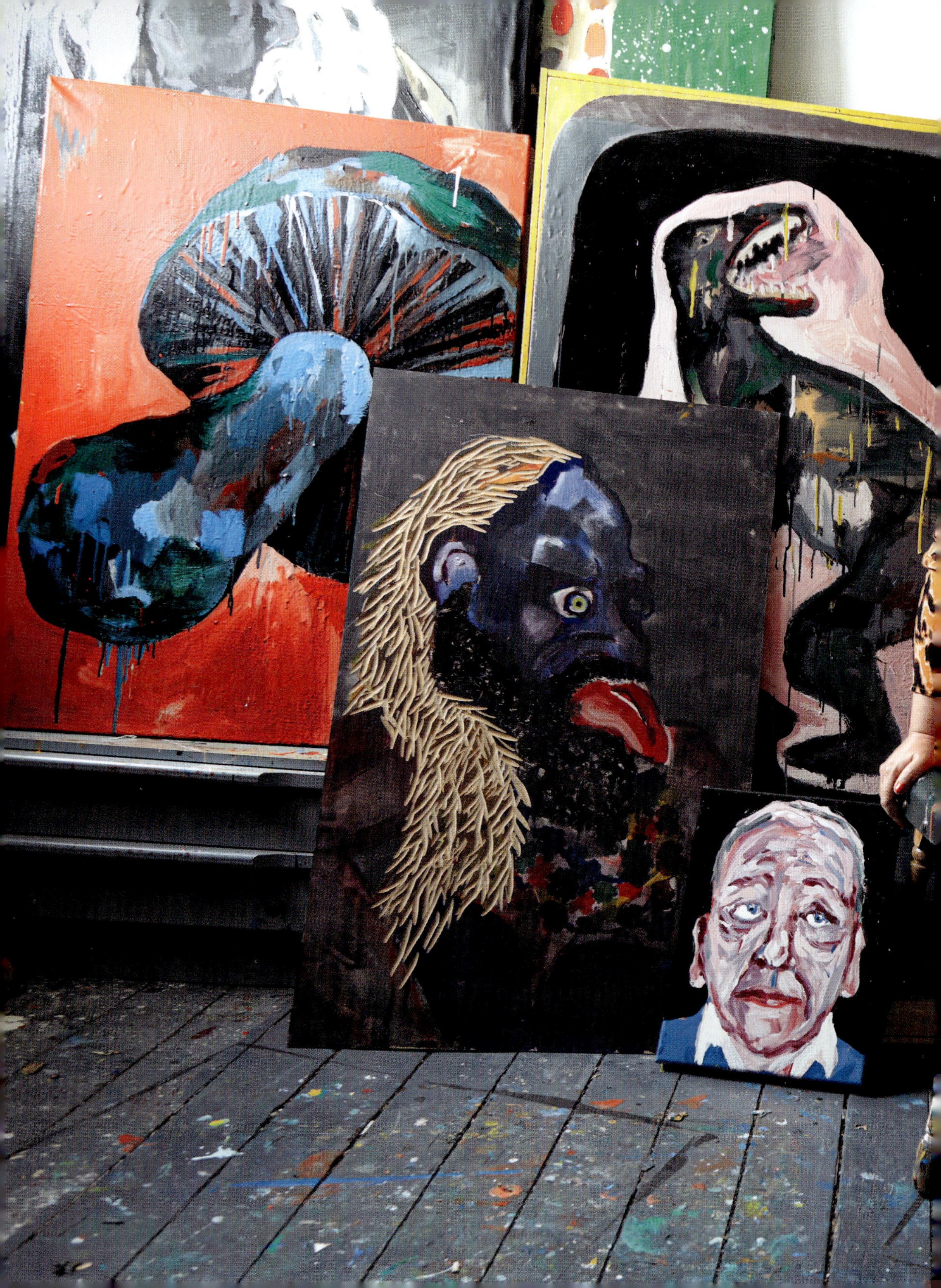

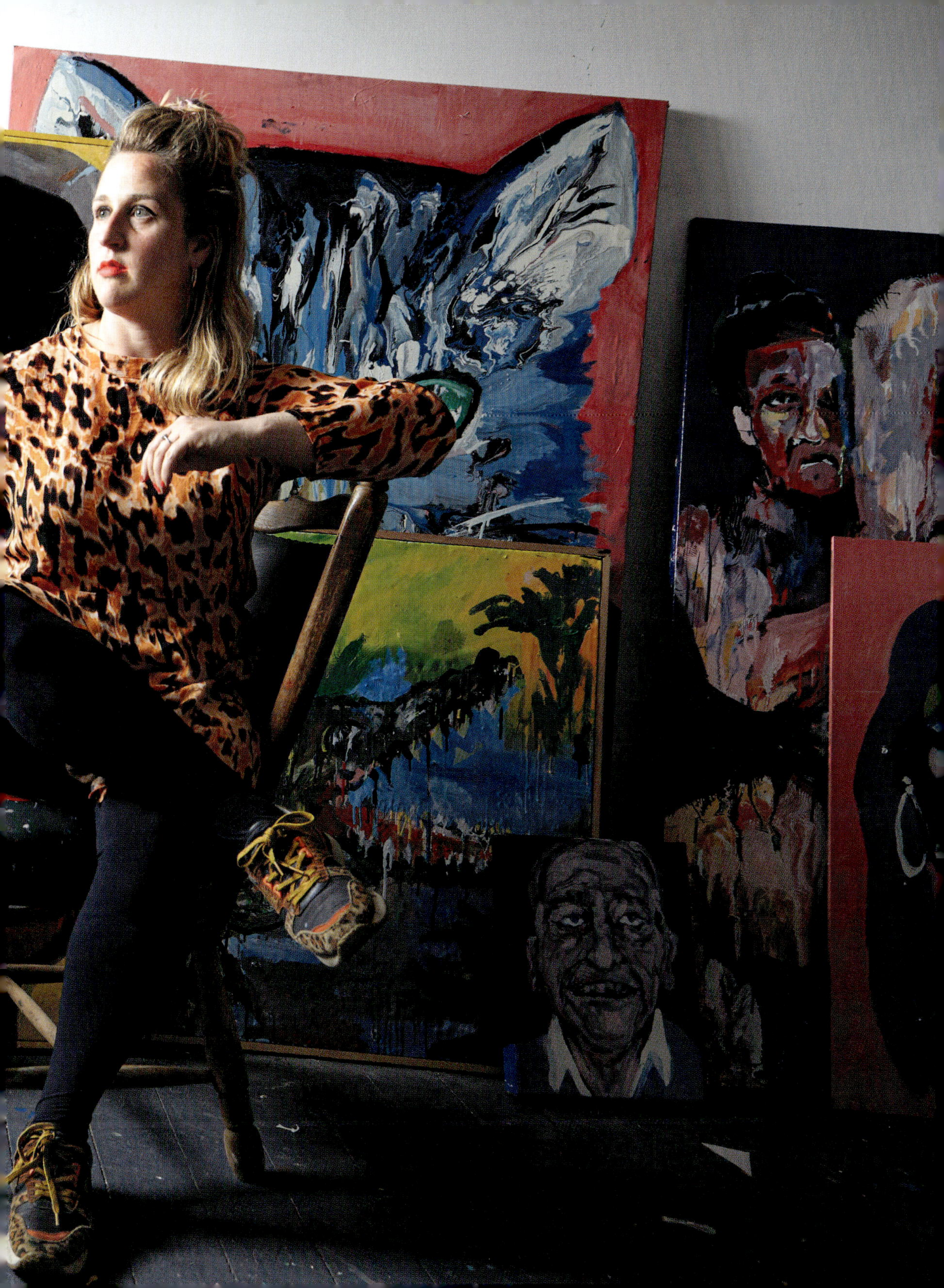

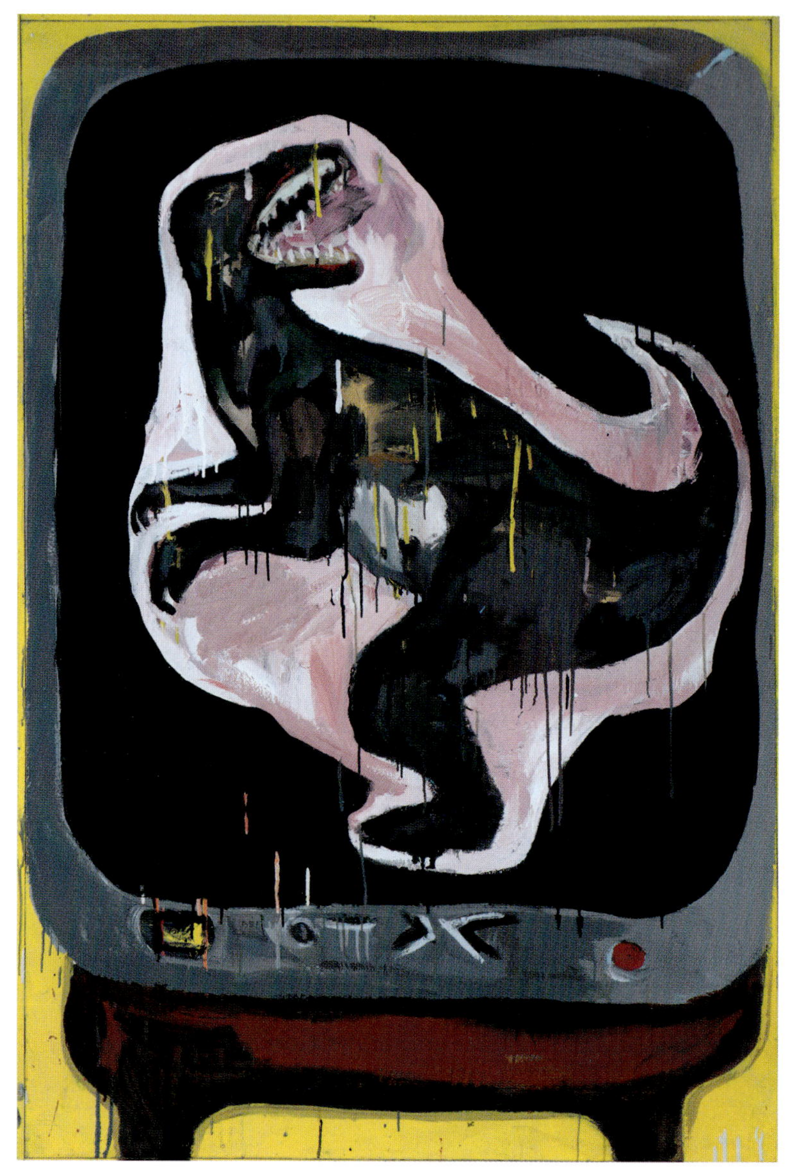

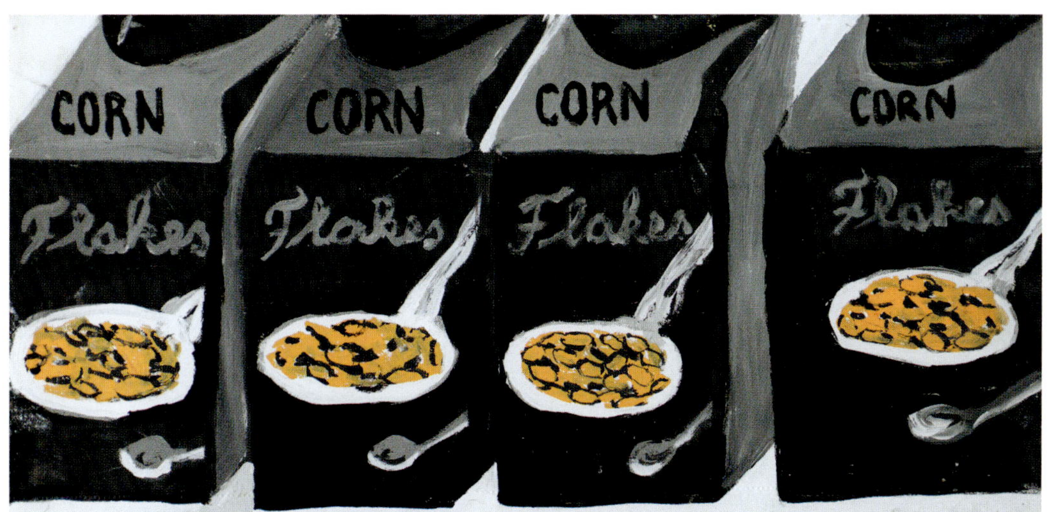
CORN
Flakes
CORN
Flakes
CORN
Flakes
CORN
Flakes

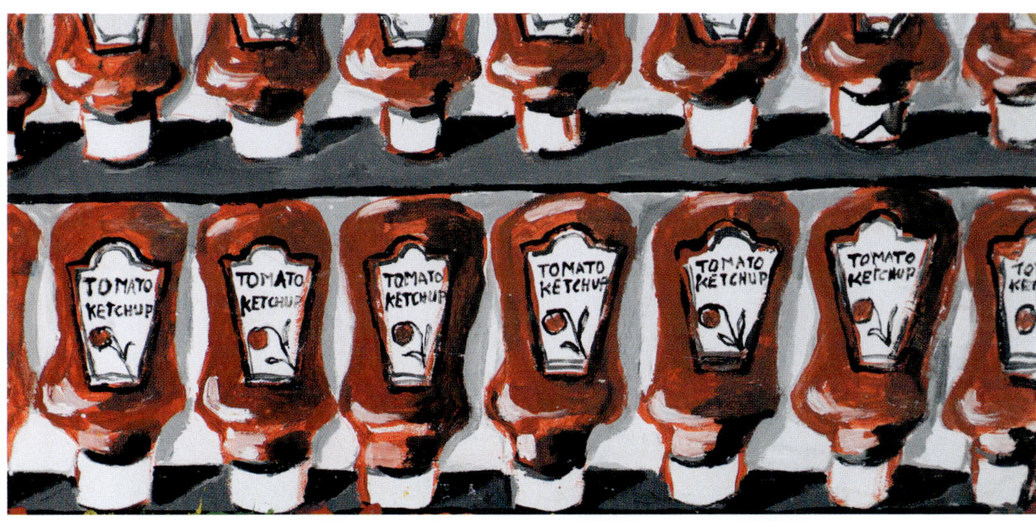
TOMATO
KETCHUP
TOMATO
KETCHUP
TOMATO
KETCHUP
TOMATO
KETCHUP
TOMATO
KETCHUP
TOMATO
KETCHUP

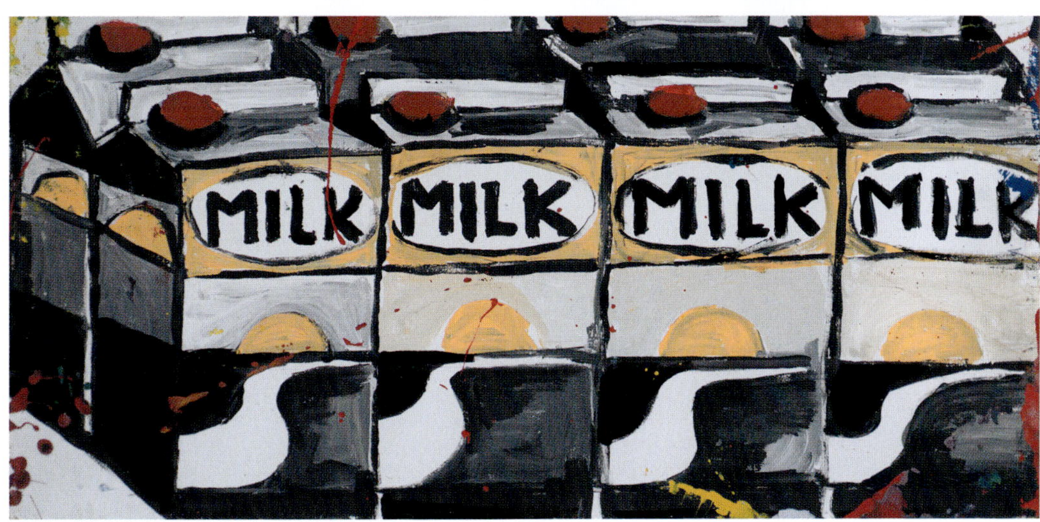
MILK
MILK
MILK

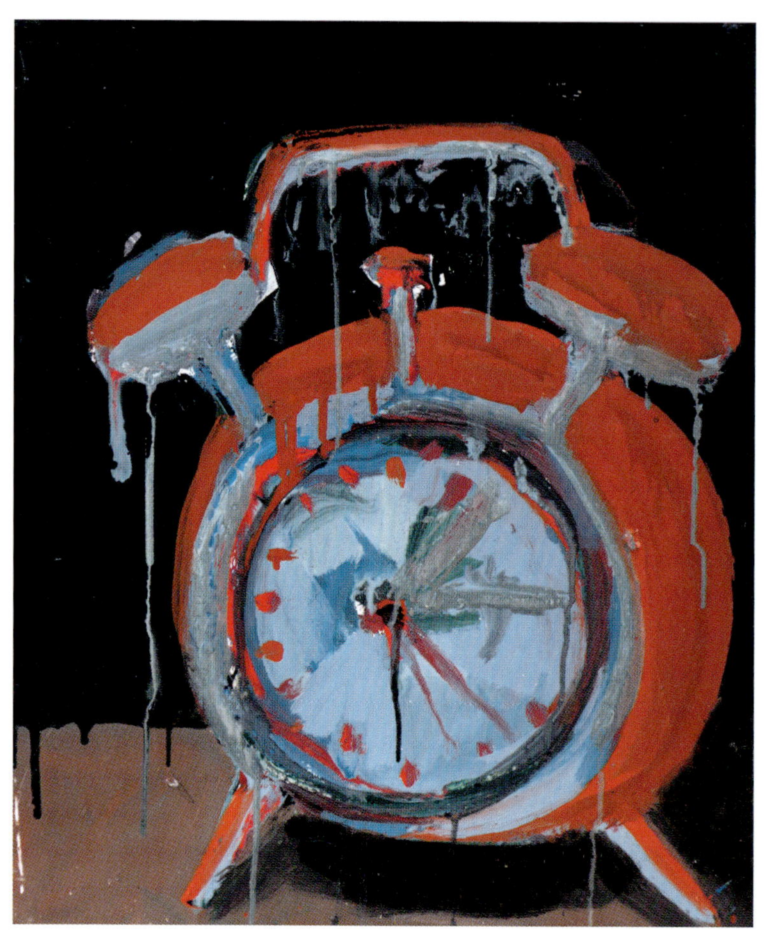

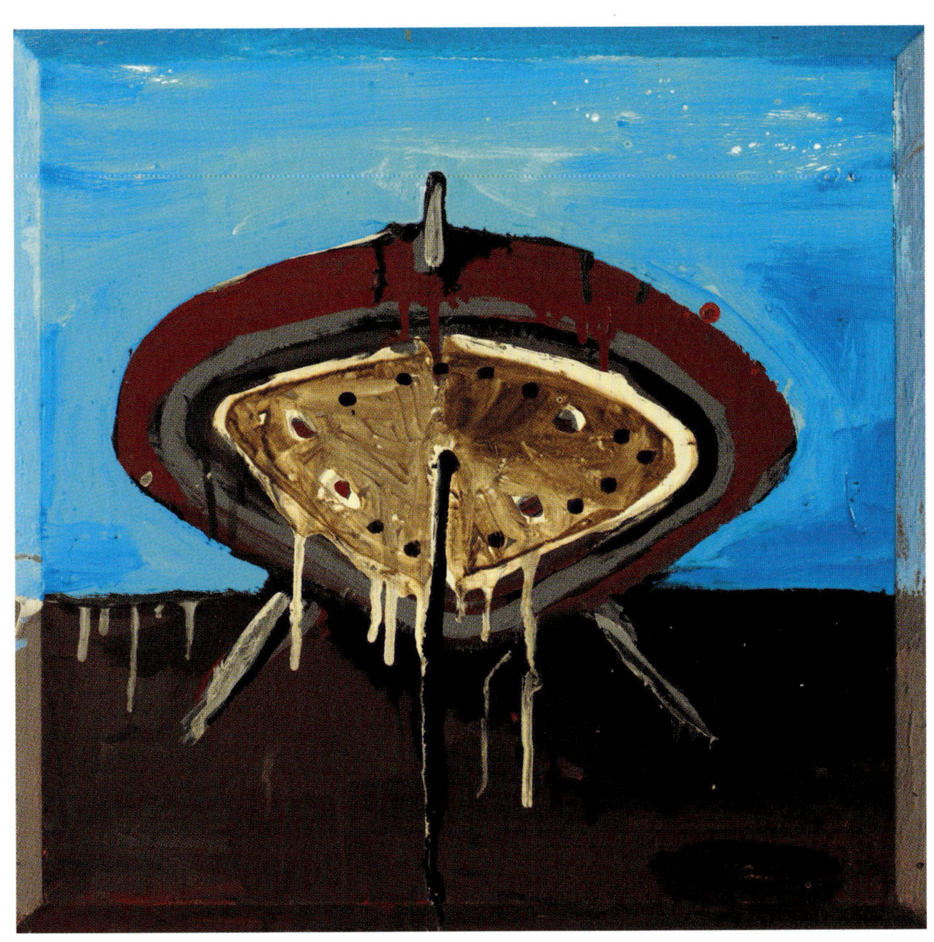

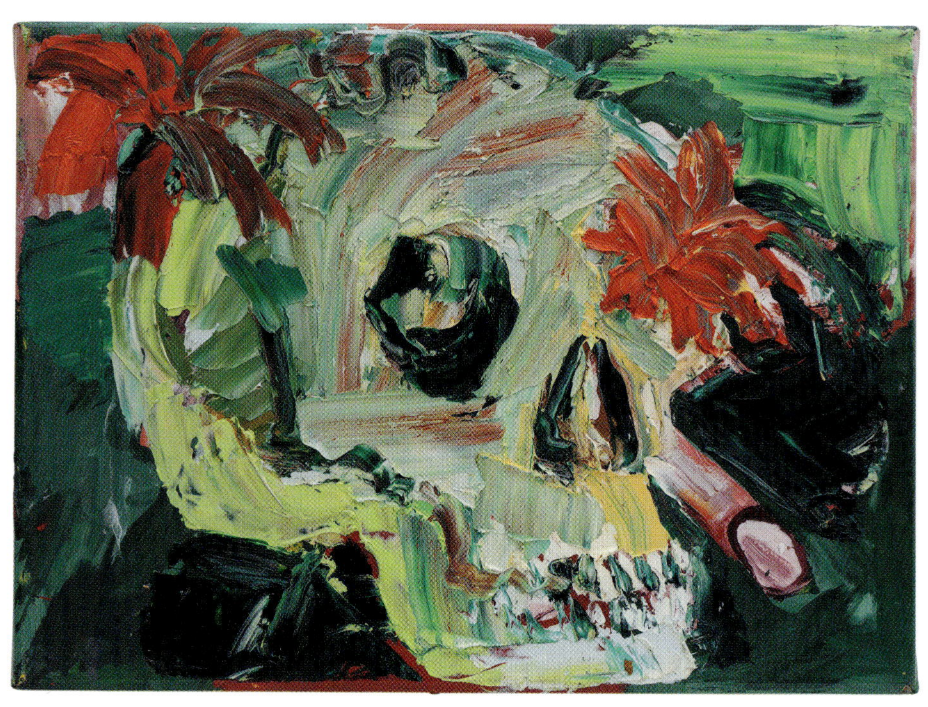

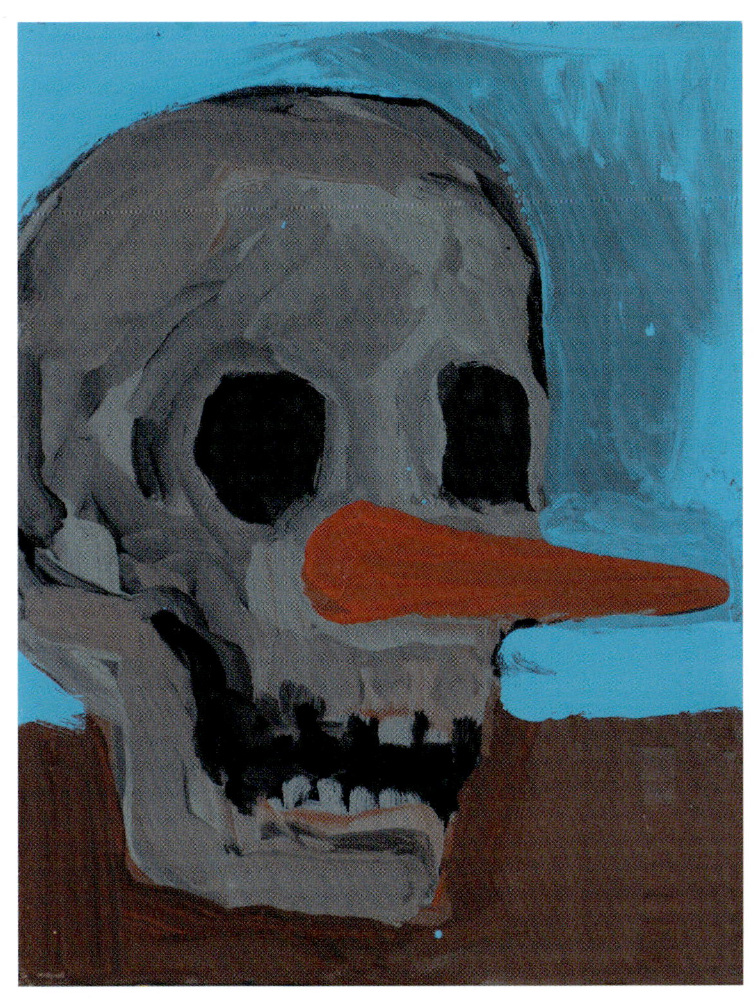

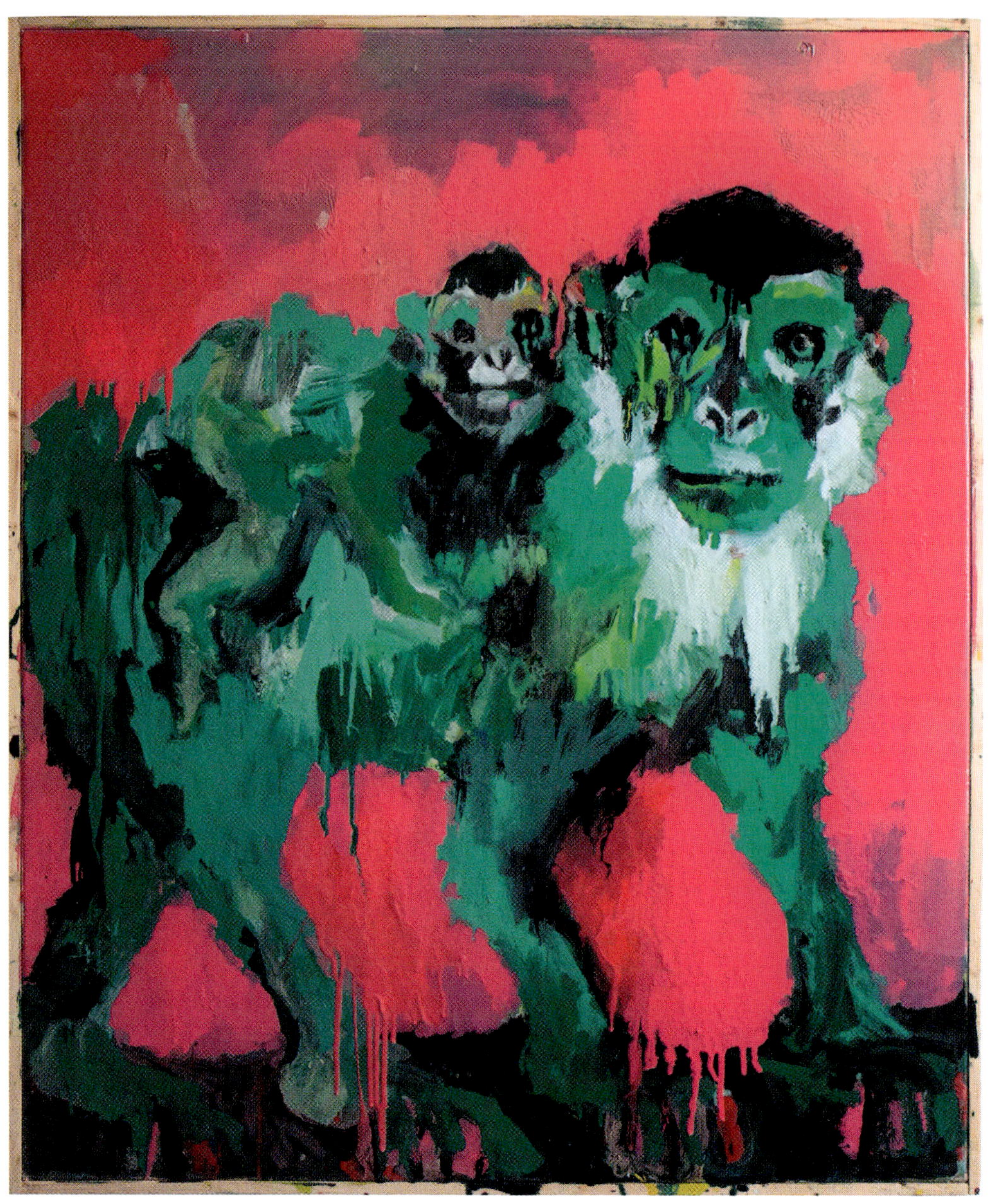

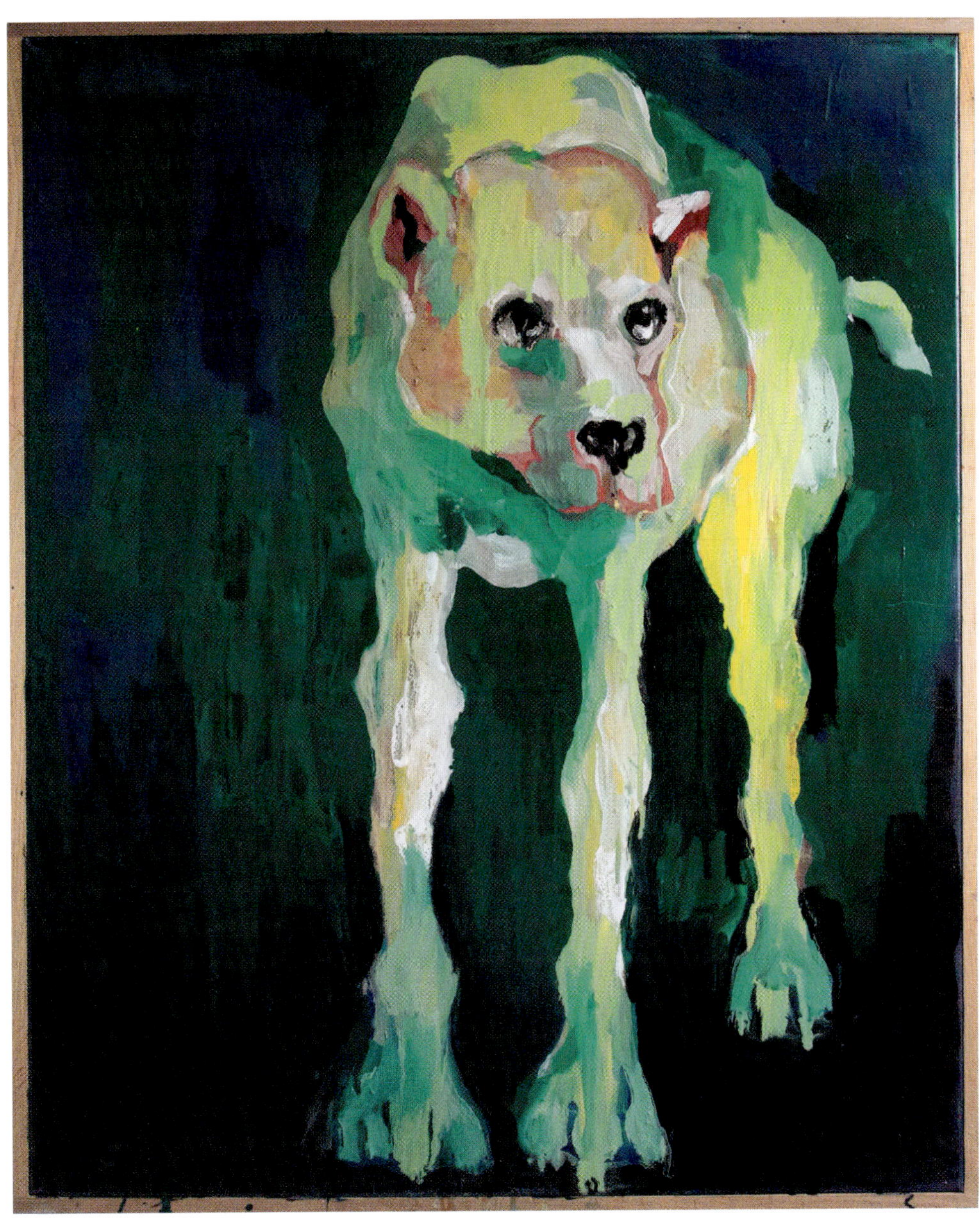

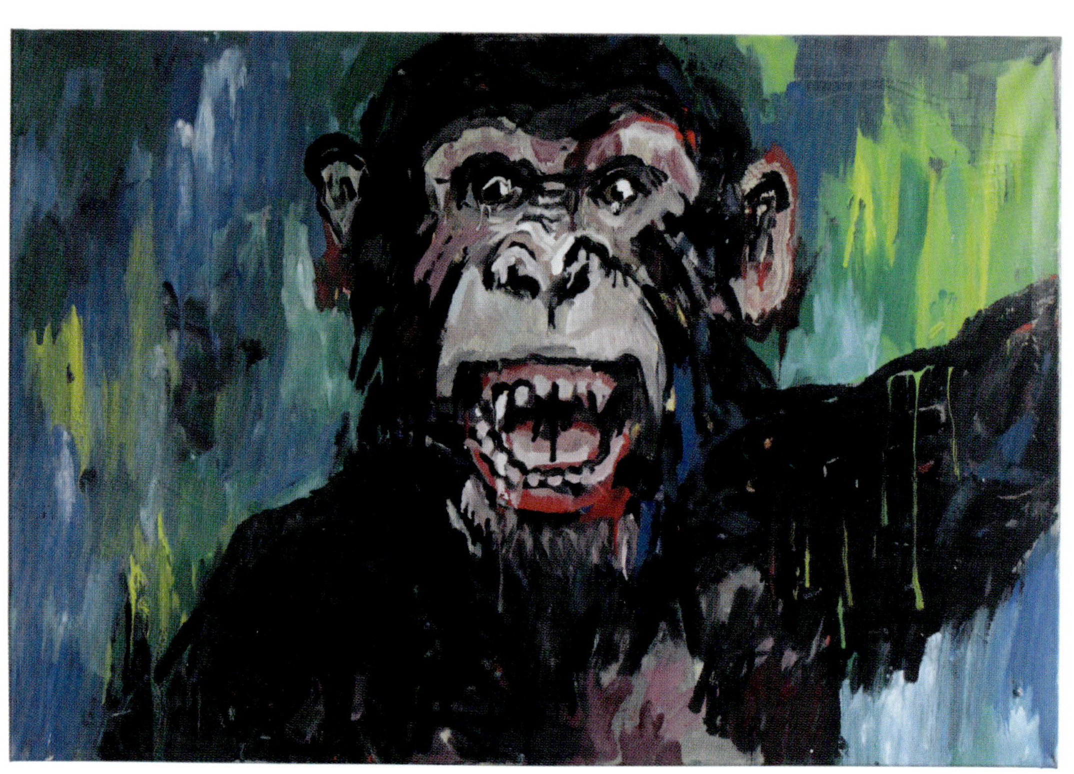

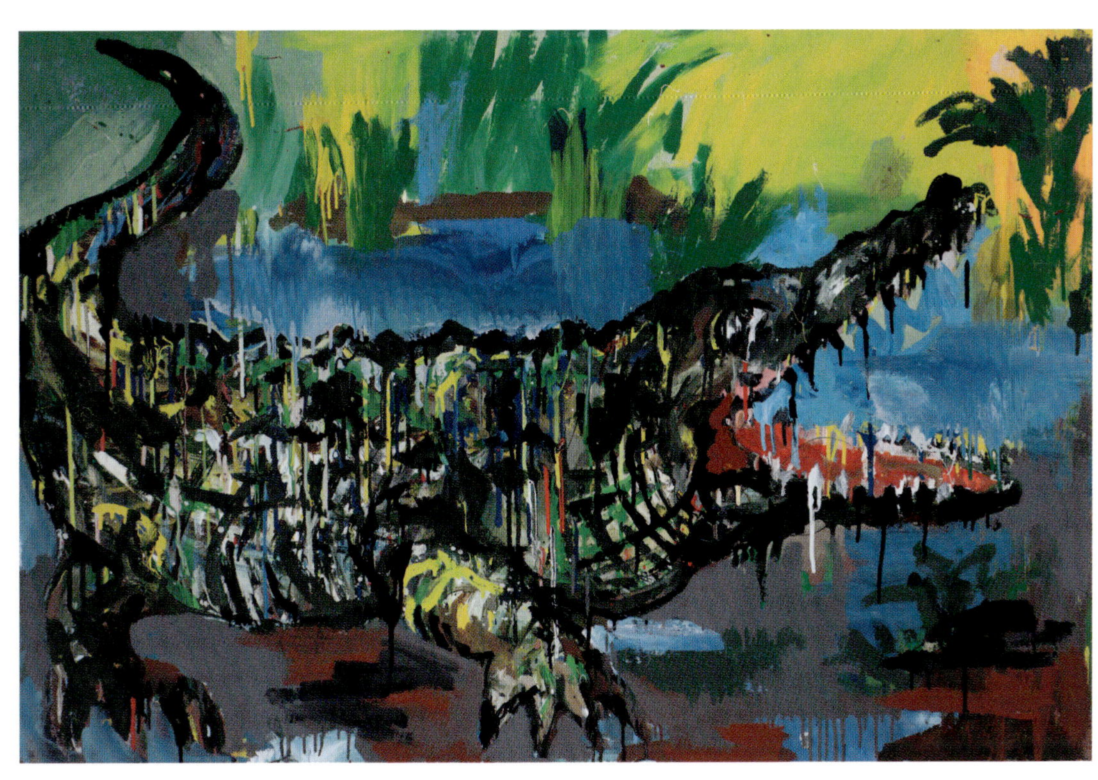

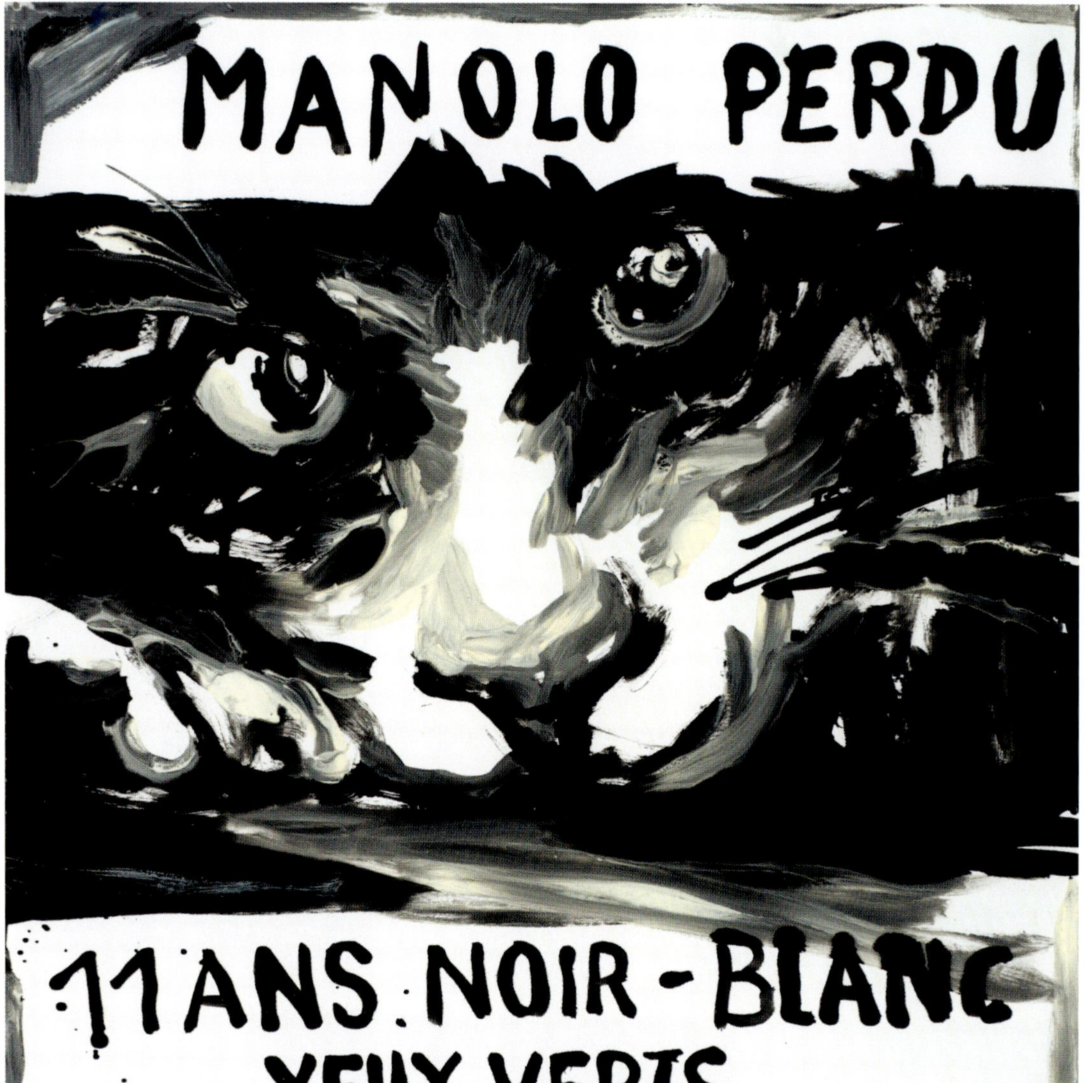
MANOLO PERDU
11 ANS : NOIR - BLANC
YEUX VERTS
LA PUCE ELECTRONIQUE
SVP MOB : 0446032778

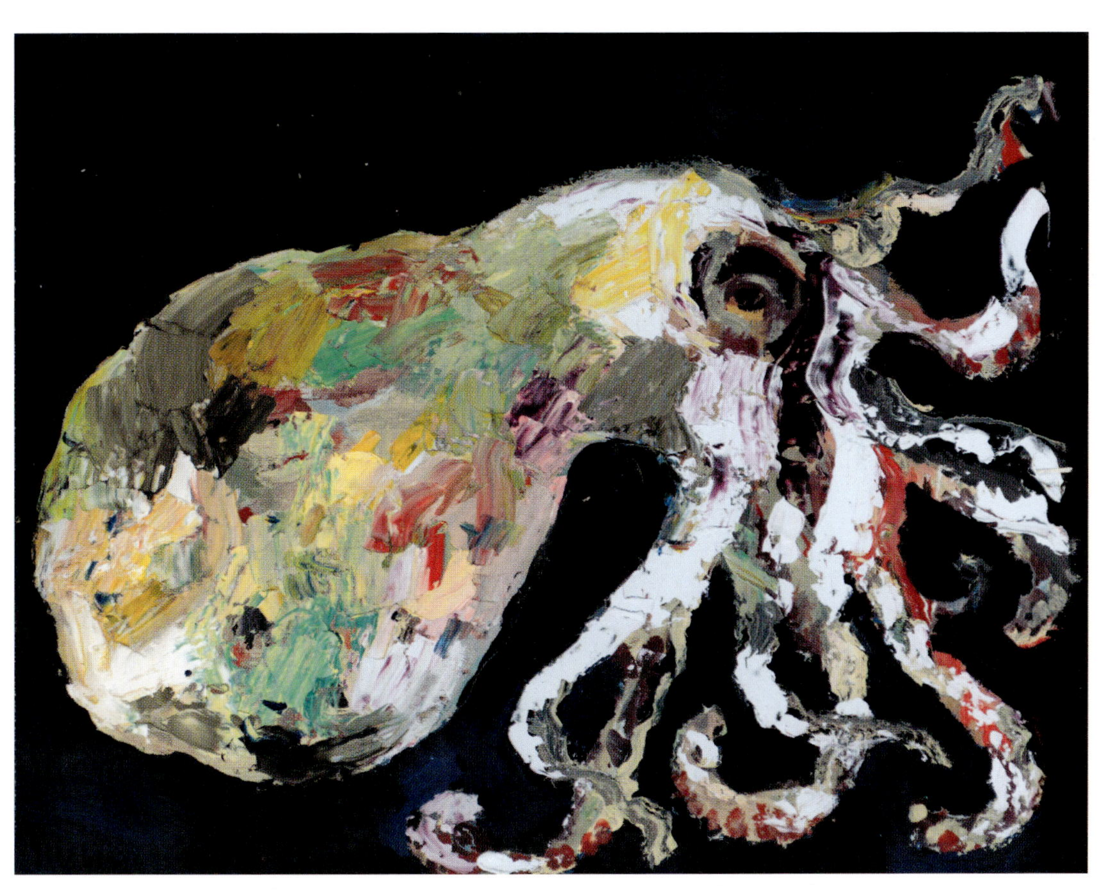

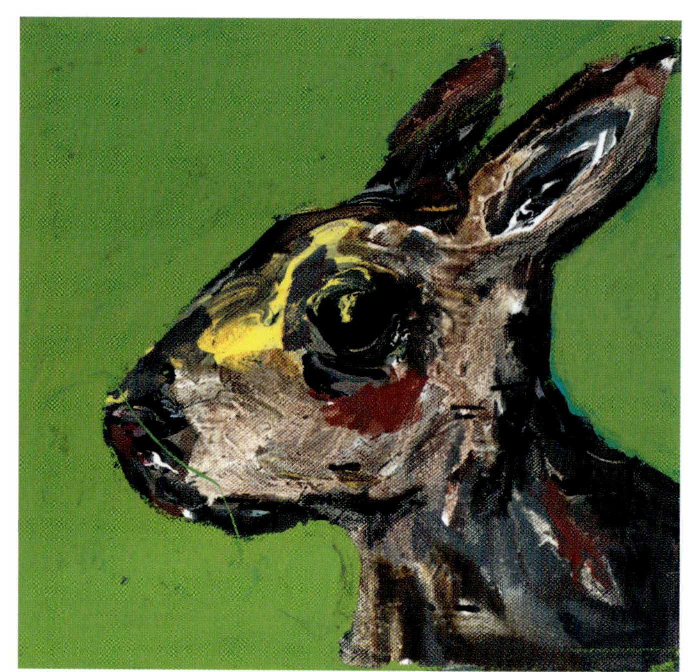

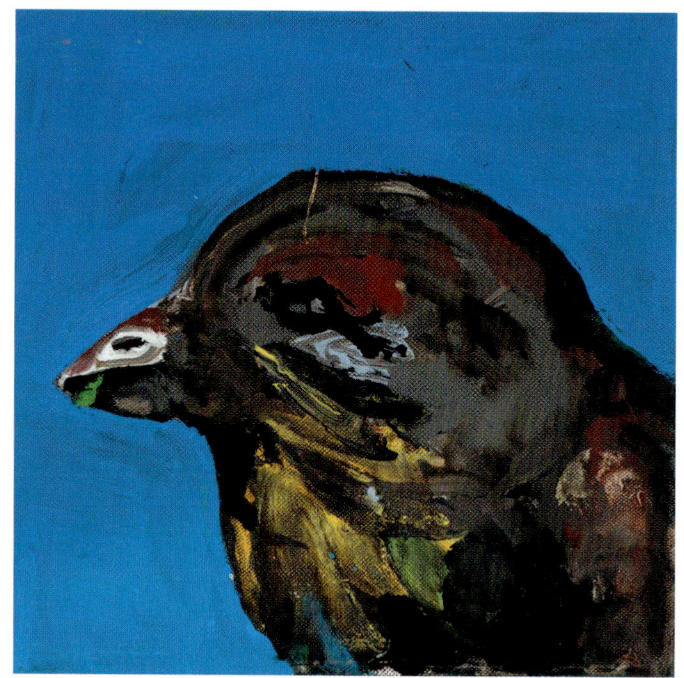

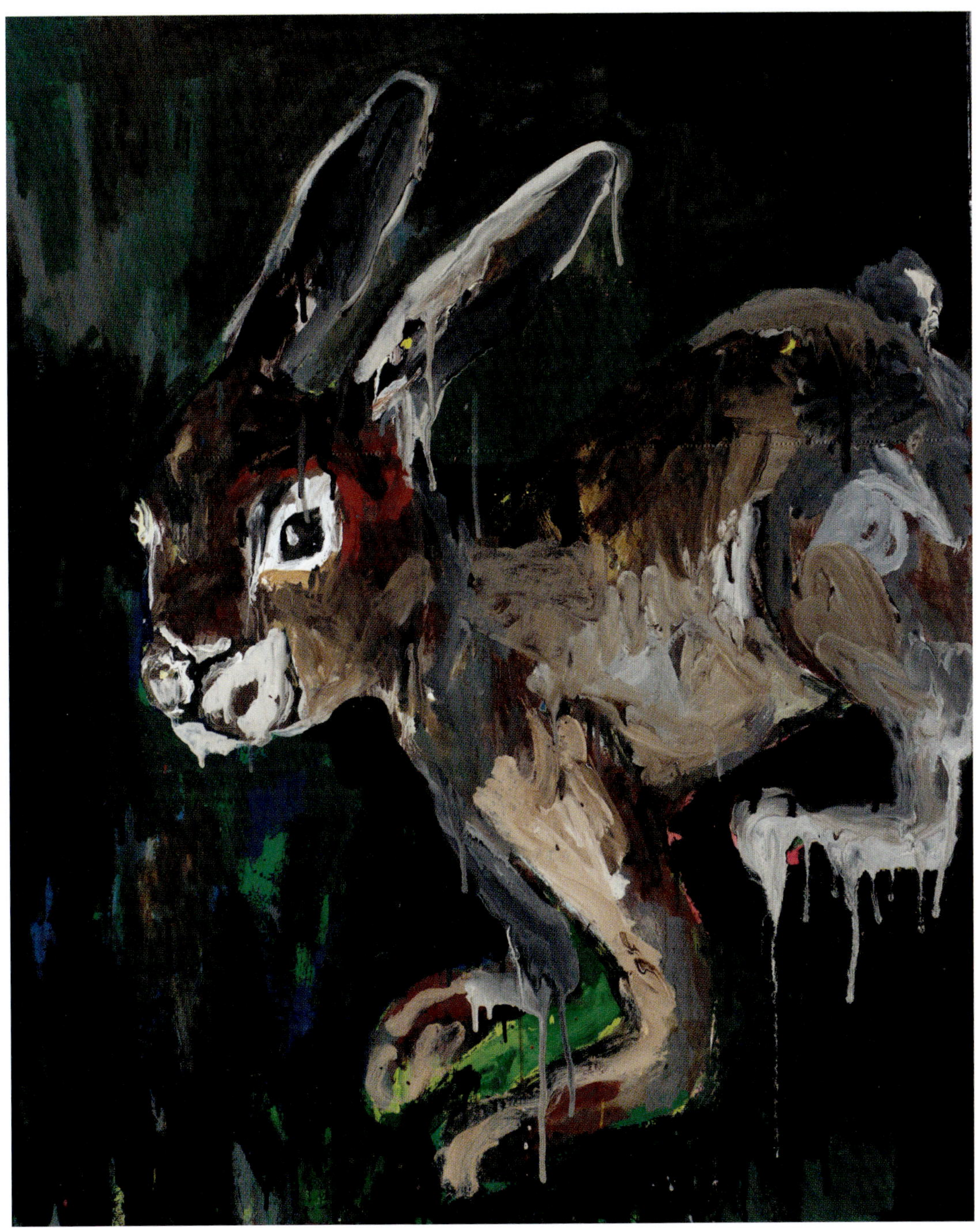

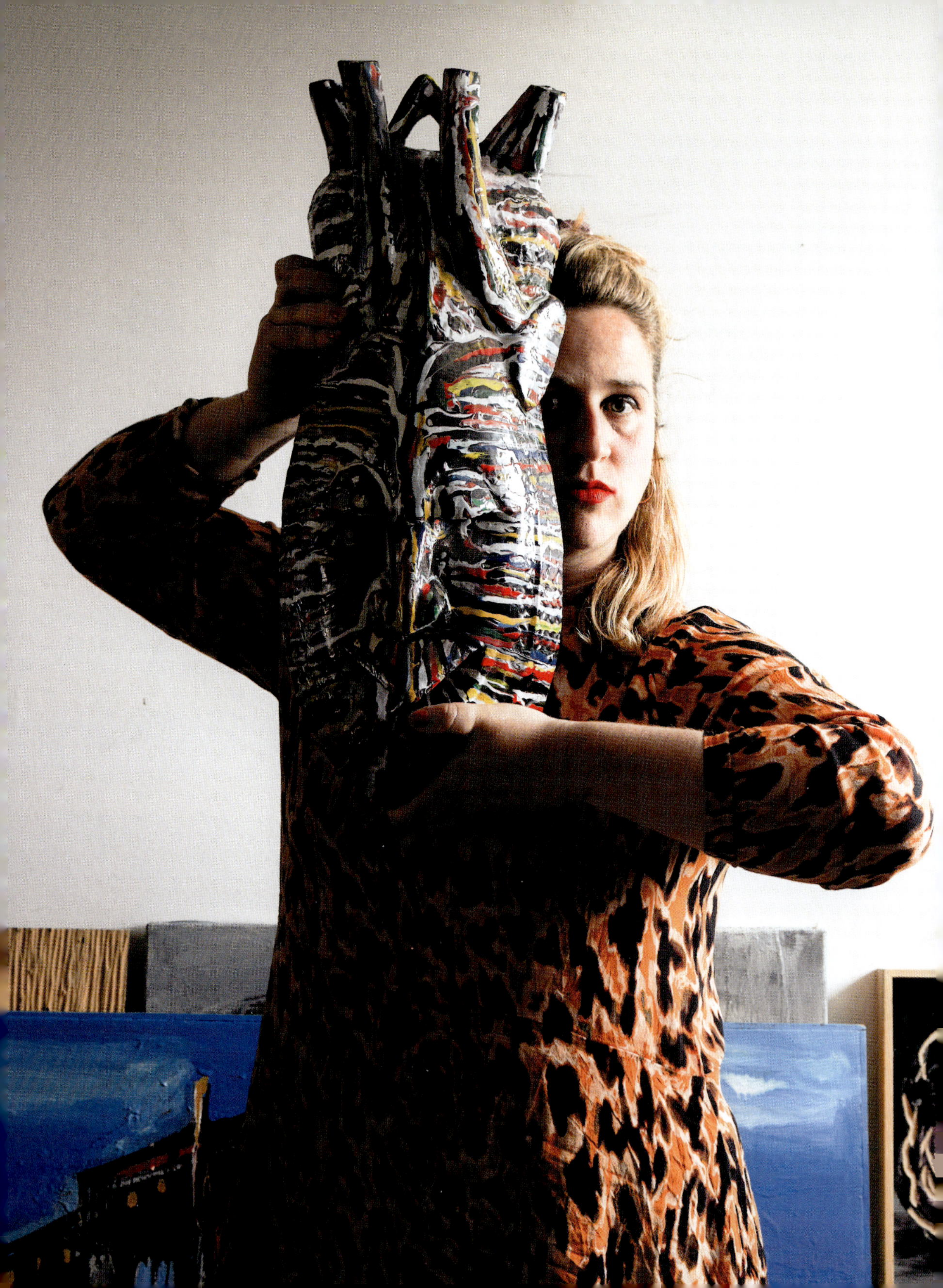

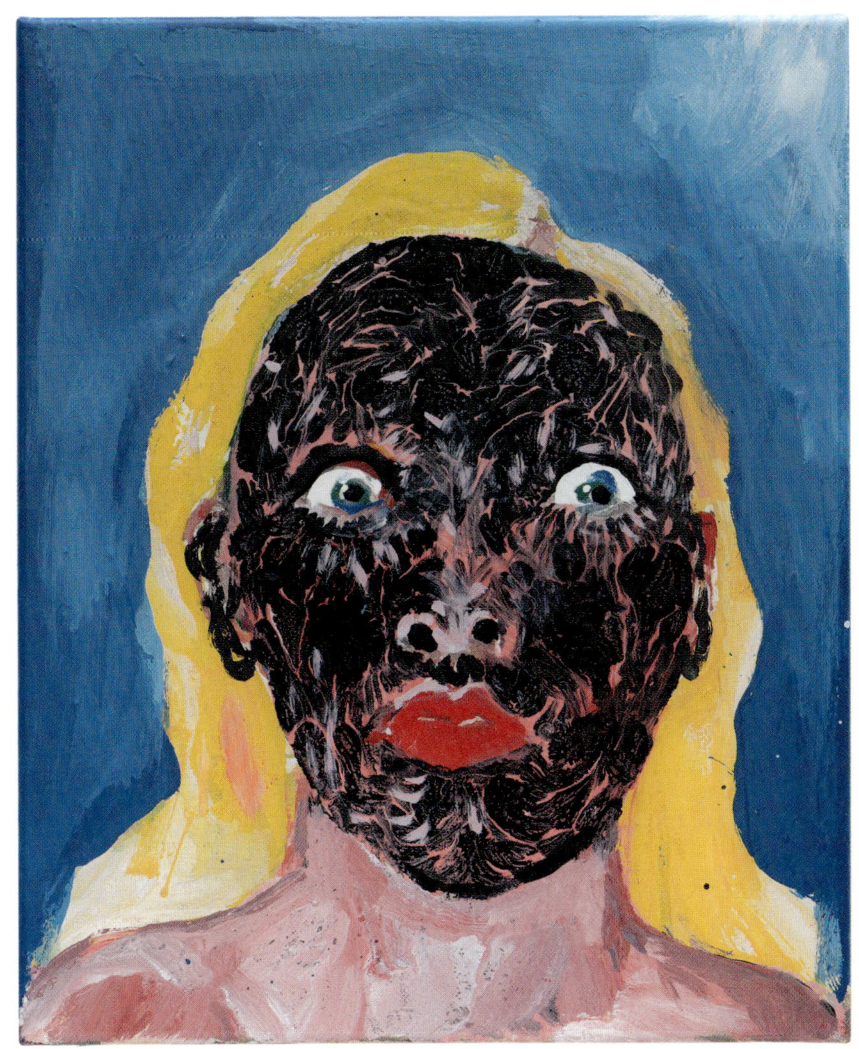

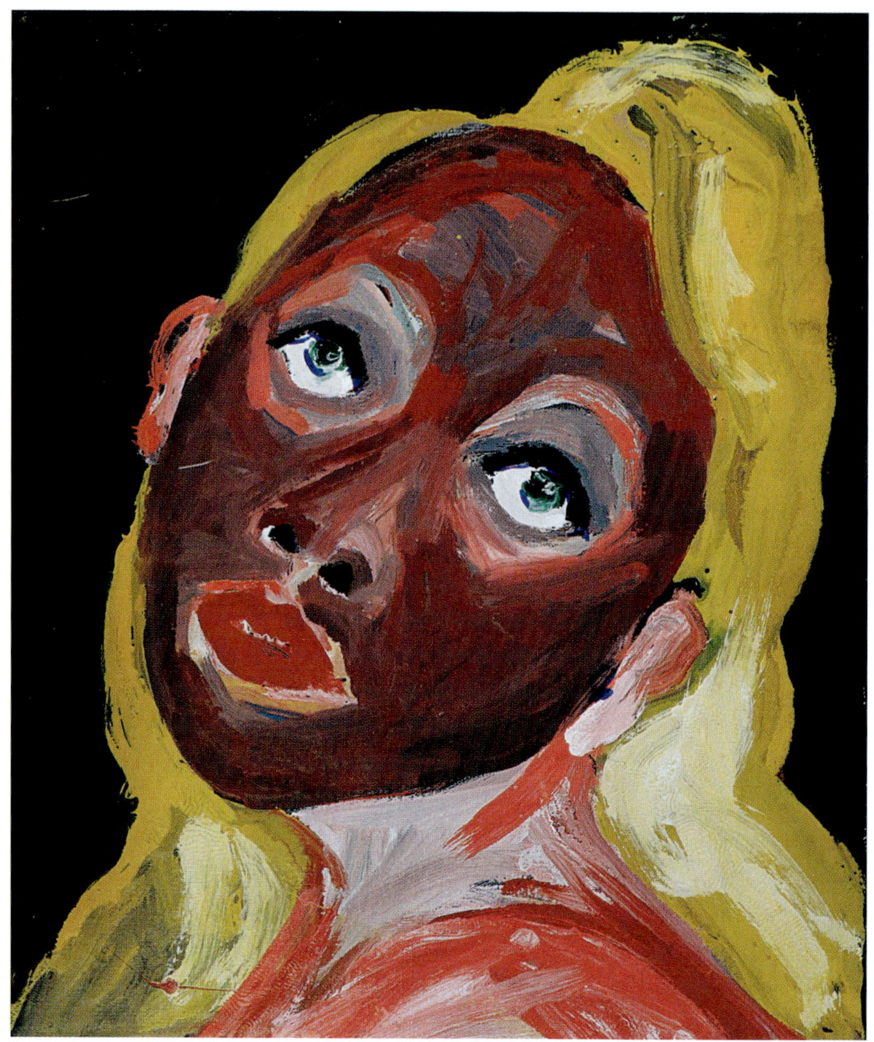

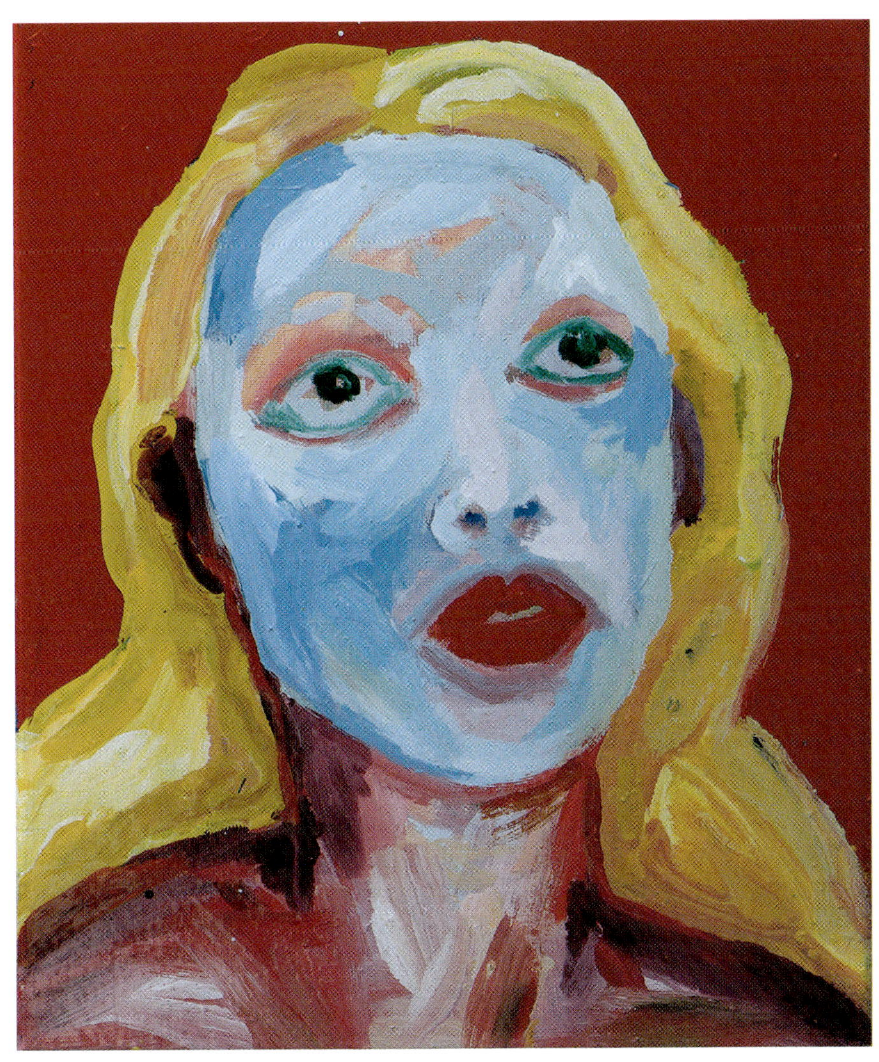

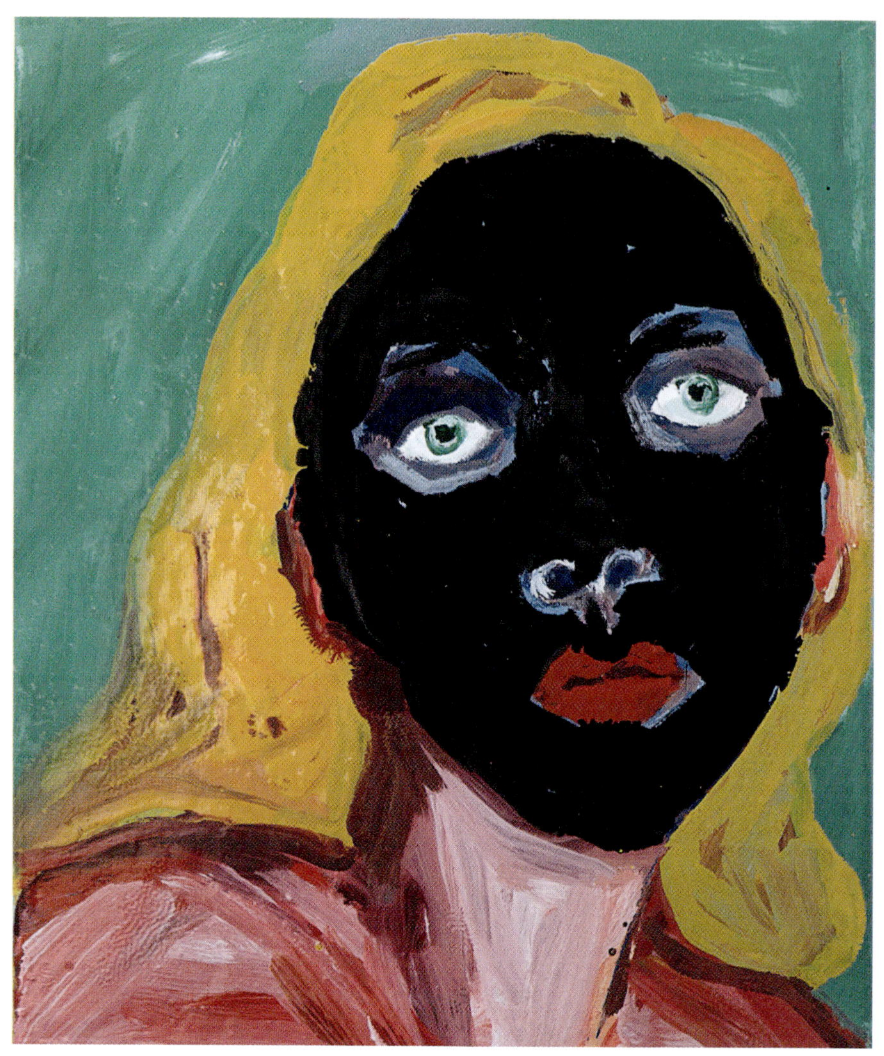

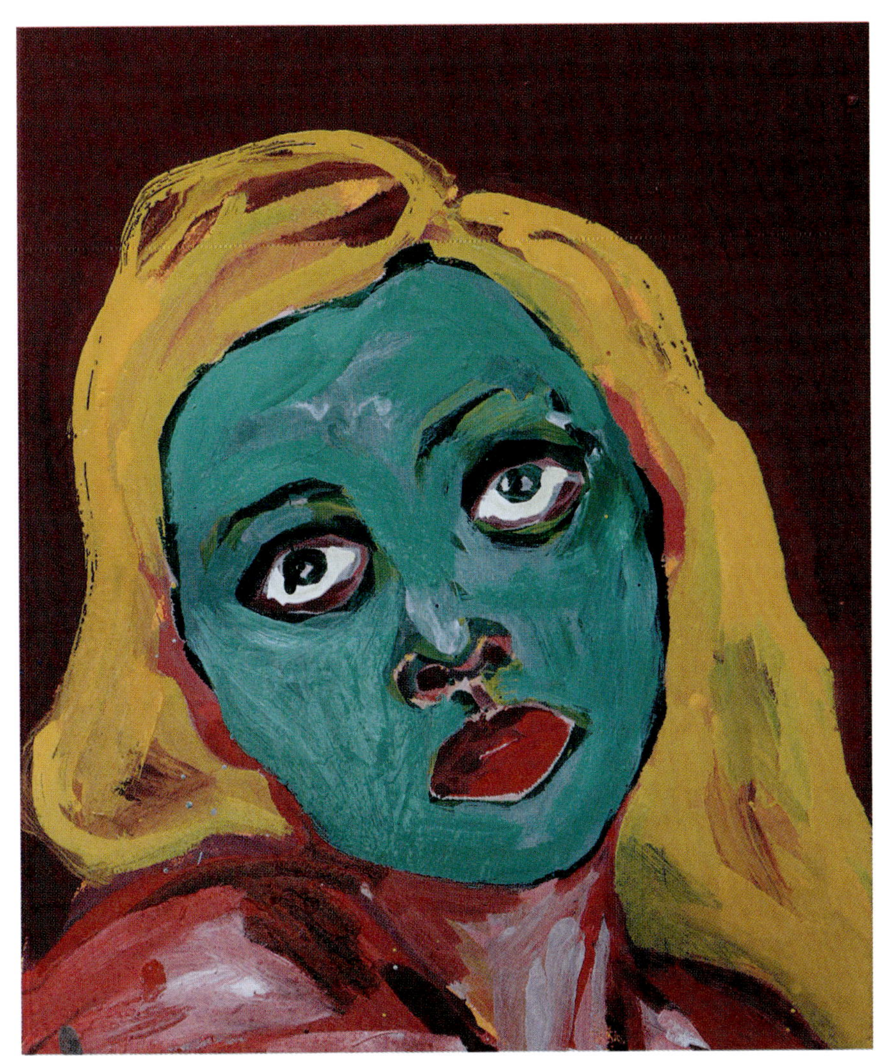

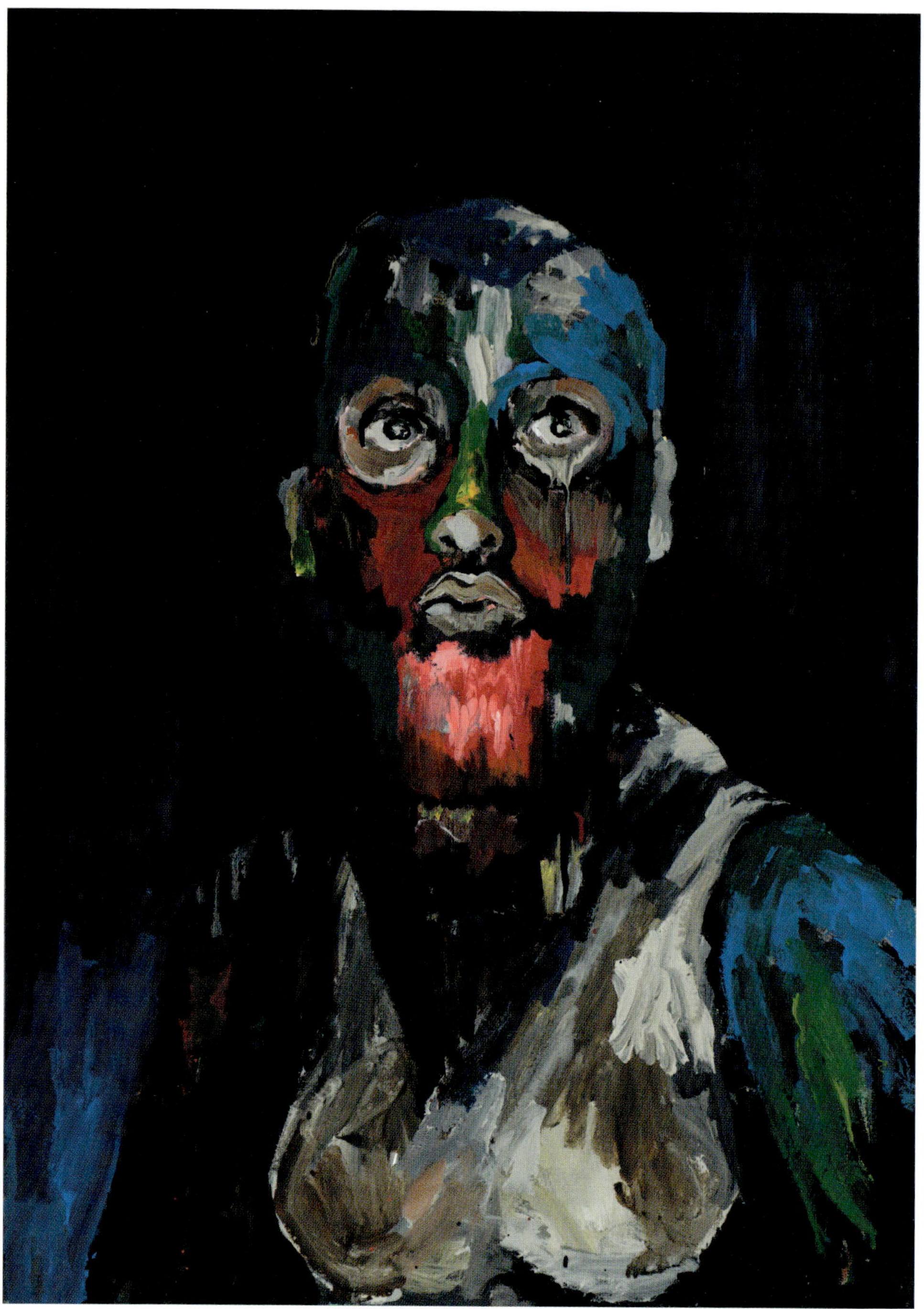

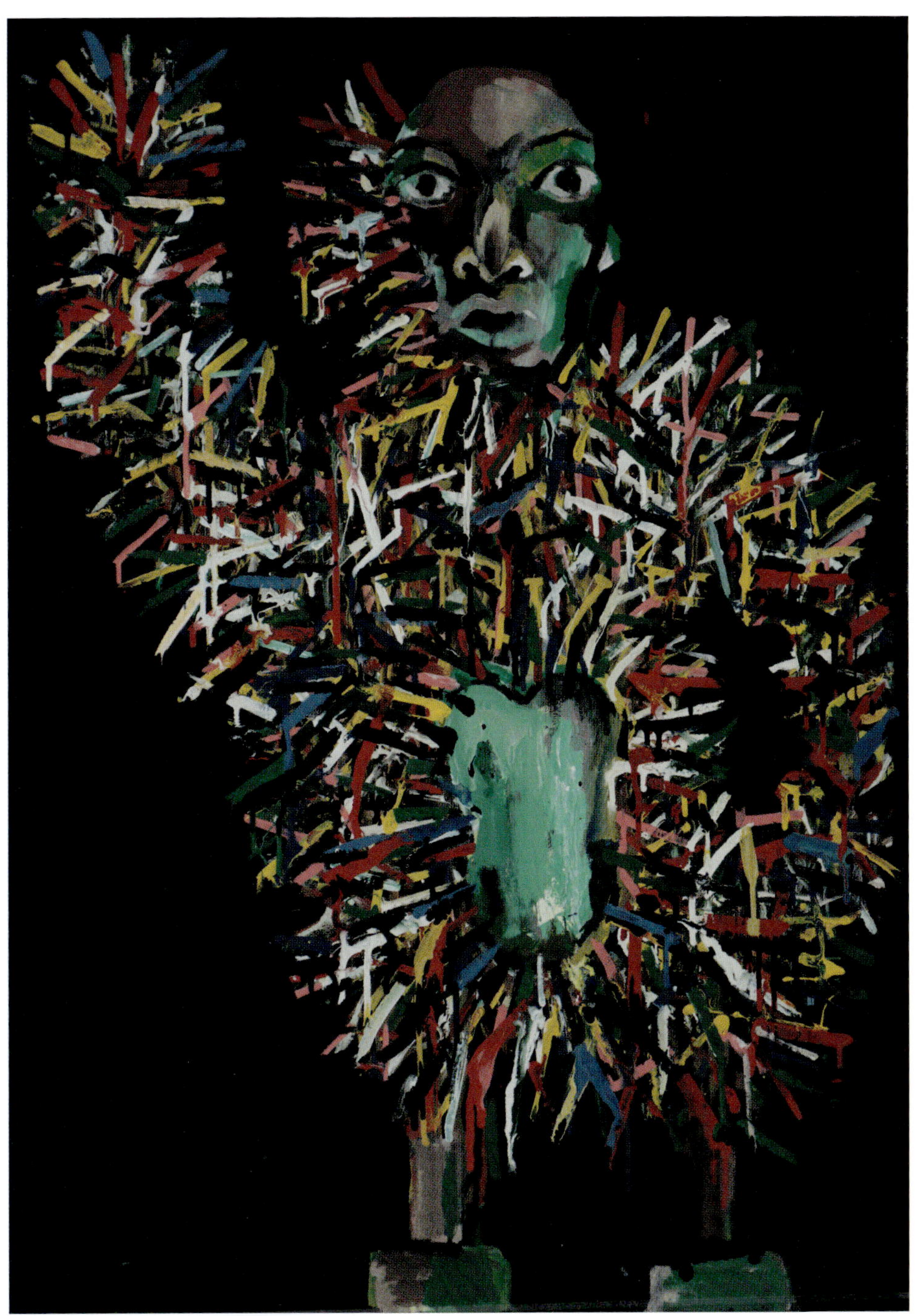

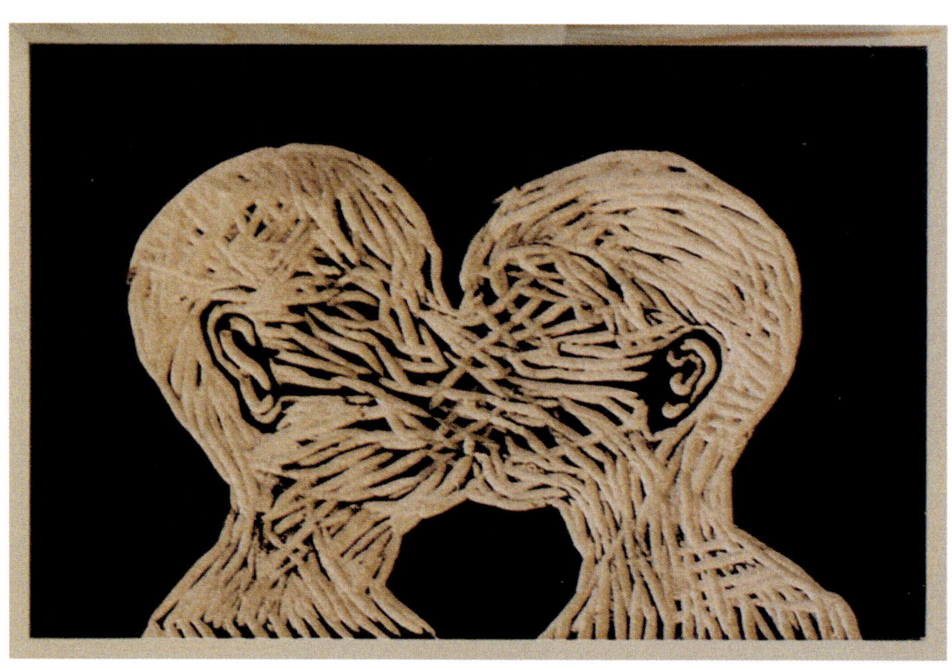

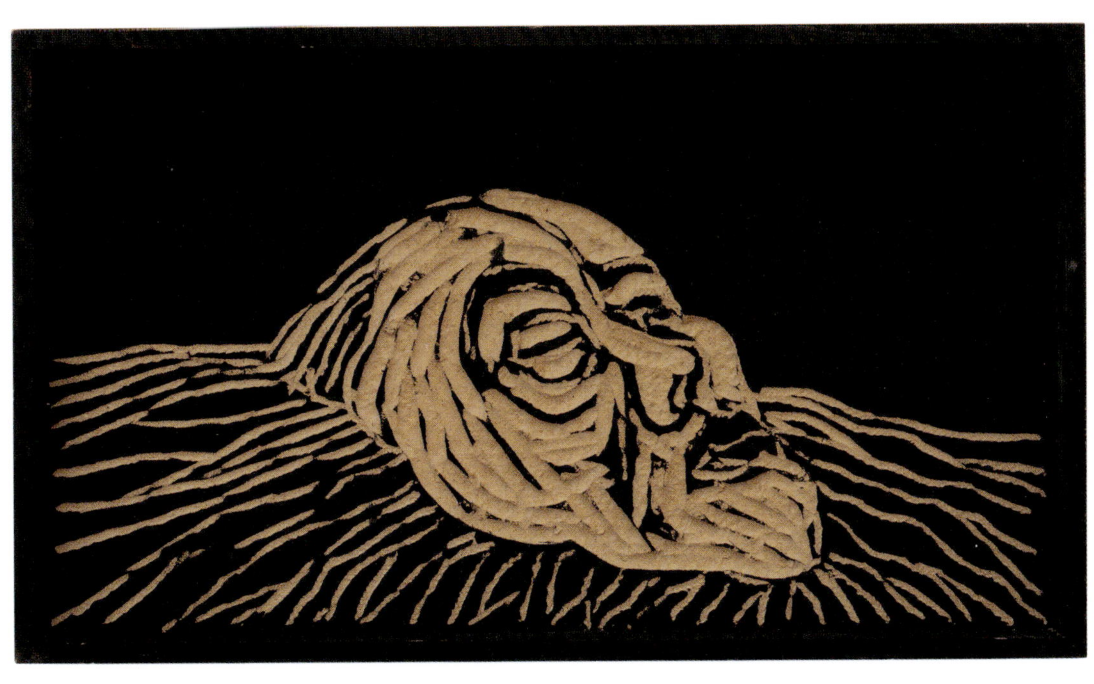

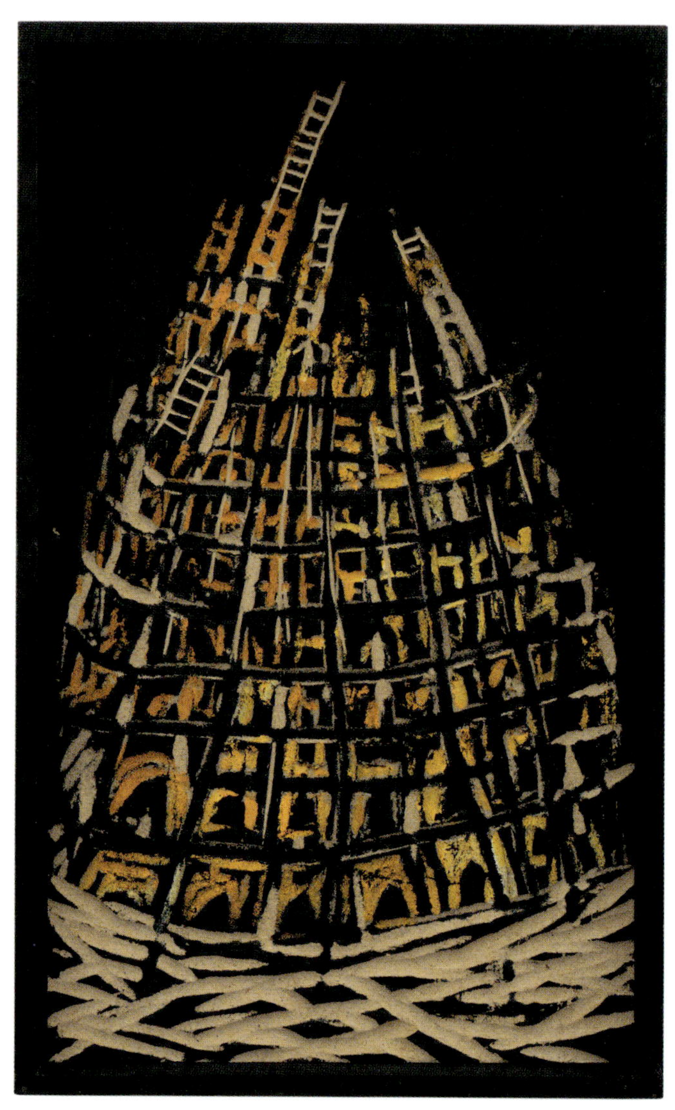

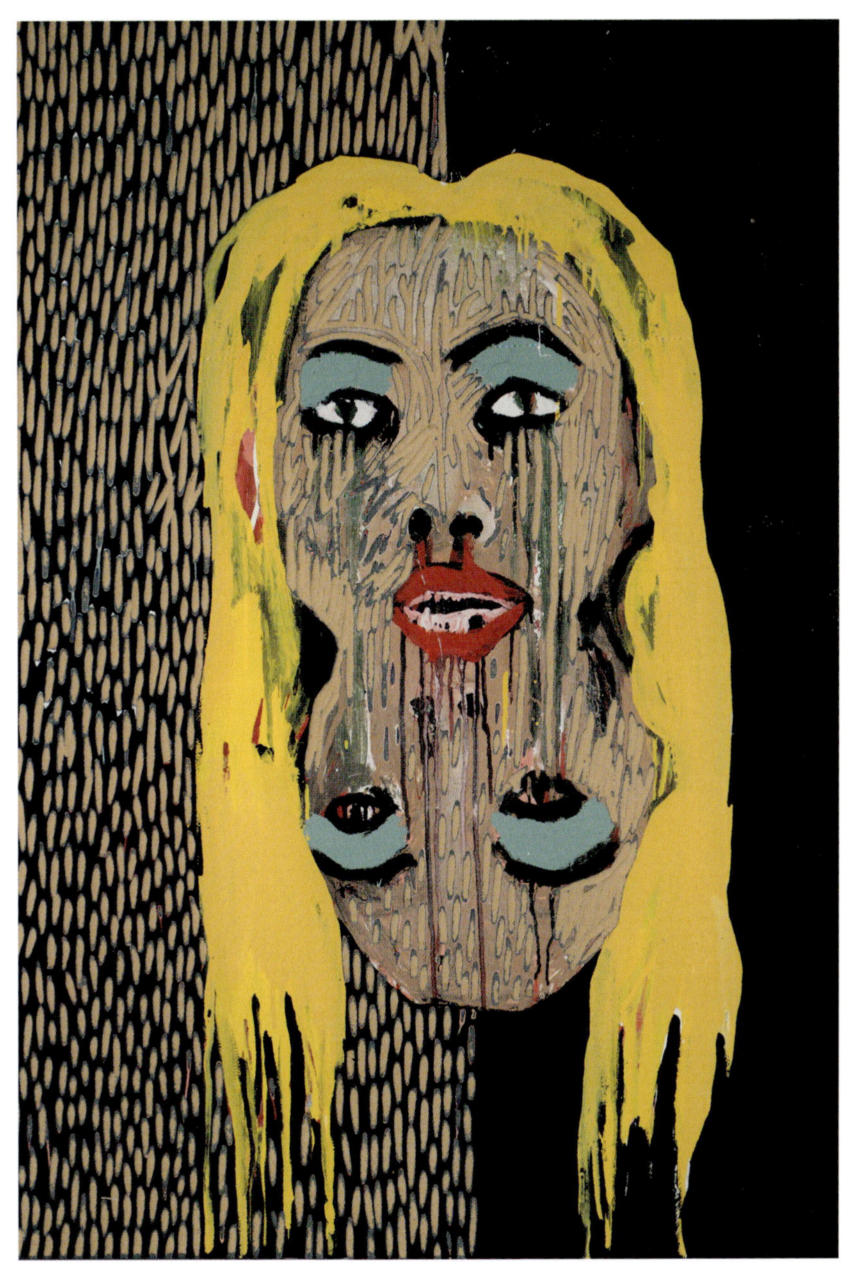

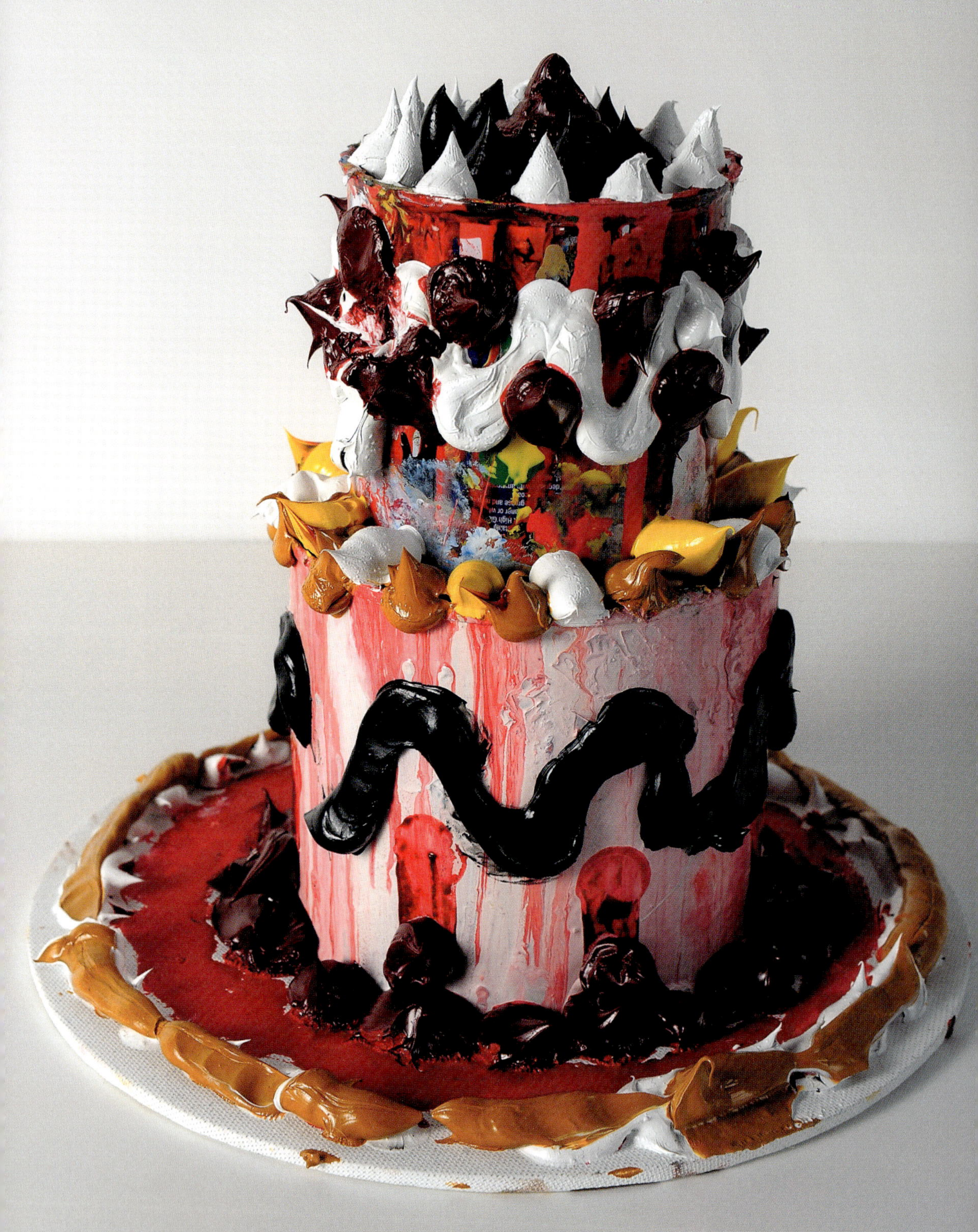

Hans Theys

La belle gourmandise

Sur le travail de Manon Bara

Ayant suivi le travail de Manon Bara depuis qu'elle a quitté l'académie, je suis tombé de surprise en surprise par la façon dont elle accapare le monde, l'avale, le transforme, en fait un objet d'étonnement pour l'observateur. De cette artiste, j'ai vu des films, des sculptures, des dessins, des T-shirts, mais, surtout, des tableaux. Souvent, ces tableaux sont peints sur un support inattendu, comme des statuettes de la vierge, des tuiles en céramique, des verreries pour protéger ou décorer les lampes ou encore des enjoliveurs. Tout semble y passer, sauf que tout n'y passe pas. Les objets sur lesquels elle peint ont souvent déjà un rôle de décoration ou de dévotion dans la vie des gens qui les achètent et les apprécient. Nous ne savons pas qui sont ces gens, mais nous nous sentons proches d'eux à travers le travail d'ennoblissement qu'effectue l'artiste.

Issue d'une famille engagée politiquement et socialement, Bara regarde le monde avec des yeux d'amoureuse. Et son cœur, lui, est grand comme un soleil. Ses yeux brillent lorsque, pendant une promenade dans Bruxelles, elle me montre en pointant du doigt des dizaines de belles choses qui l'émeuvent : une vitrine avec des trophées sportifs, un beau scooter, des pavés « polis comme des dents », une enseigne de friterie « dans une lettre belle et ronde des années soixante ». La même passion se fait sentir dans ses tableaux, gourmands, qui semblent vouloir envelopper le monde, le traduire, nous l'offrir...

Peignant avec de la peinture laquée, elle a acquis une maîtrise surprenante de cette matière séduisante par sa beauté directe, presque vulgaire et inhabituelle dans le monde de l'art contemporain. Ses portraits de musiciens sur enjoliveurs sont surprenants et égayants. Si la joie s'y mélange à la tristesse, à la mélancolie, ils n'en deviennent pas pour autant pesants. Que cela soit clair : voici un travail qui m'enchante, qui me donne envie de vivre, de prendre une place dans le monde. C'est un travail qui parle, qui se débat, qui refuse de ne pas exister. Que l'on donne plus d'espace à cette artiste et à son œuvre ! Que cela puisse se développer ! Dans tous les sens ! En changeant de peinture, en changeant de sujet, en changeant de support ! J'aimerais voir plus ! Trop souvent, après avoir étalé son enthousiasme pour un sujet ou une manière de faire, elle finit par dire : « Mais je me calme sur ça... ». J'aimerais, moi, qu'elle ne se calme jamais.

Montagne de Miel, 23 mai 2014

Hans Theys

Beautiful Greediness

On the Work of Manon Bara

As I followed the work of Manon Bara, ever since she had graduated from art school, I have gone from one surprise to another, in view of the way she has been absorbing the world, gobbling it up, transforming it into an object of wonder for the beholder. I have seen films by this artist, and sculptures, drawings, T-shirts, but most of all, paintings. Often those paintings have been painted on an unusual support, such as small statues of the holy virgin, ceramic tiles, glass structures used to protect or decorate lamps, or also hub caps. Nothing seems able to escape, but some things do escape. The objects on which she paints, often enough, already play a part as decorative or devotional objects in the life of the people who buy and value them. We do not know who those people are, but we feel close to them through the artist's work of ennoblement.

Born into a politically and socially committed family, Bara looks at the world with the eyes of a lover. And her heart is as large as the sun. Her eyes sparkle when, during a stroll in Brussels, she points to dozens of beautiful things which move her: a shop window with sports trophies, a beautiful scooter, paving stones 'as neatly polished as teeth', the sign of a chippie 'in a beautiful, rounded, sixties style of writing'. The same passion can be felt in her greedy paintings, which seem eager to envelop the world, to translate it, to offer it...

Painting as she does with lacquer, she has acquired an amazing mastery of that material, which seduces us through its immediate beauty, one that is almost vulgar, and unusual within the realm of contemporary art. Her portraits of musicians on hub caps are surprising and they will cheer you up. Although joy intermingles in them with sadness, with melancholy, they never become ponderous. Let this be clear: this is a work which delights me, which gives me a desire to live, to be part of this world. It is a work which talks, thrashes about, and refuses to cease existing. More room should be given to this artist and to her work! Allow it to develop! In all senses and directions! By switching to other types of painting, to other topics, to other supports! I would like to see more! Too often, after she has made a show of her enthusiasm for a subject or for a way of doing things, she ends up saying 'But I'd better cool down about this...'. As for me, I would like her never to cool down.

Montagne de Miel, 23 May 2014

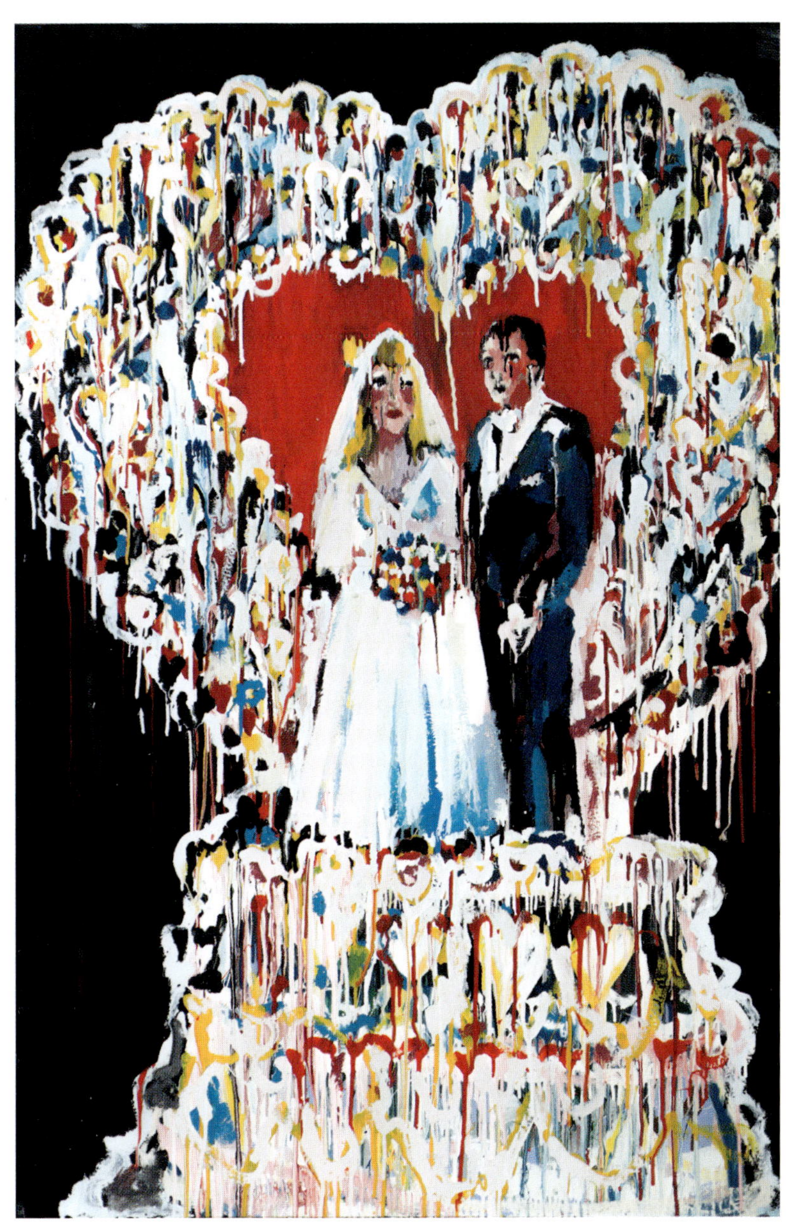

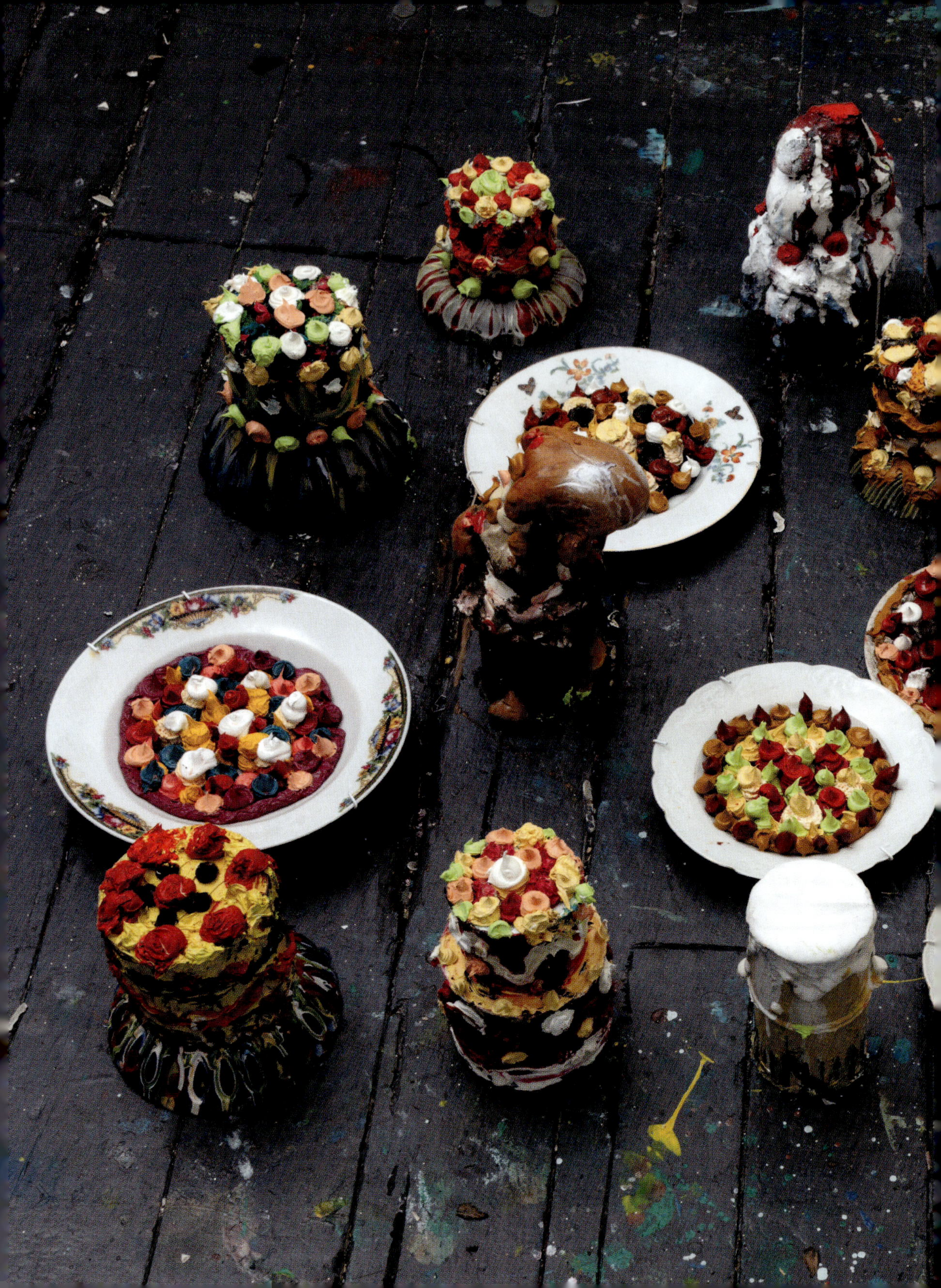

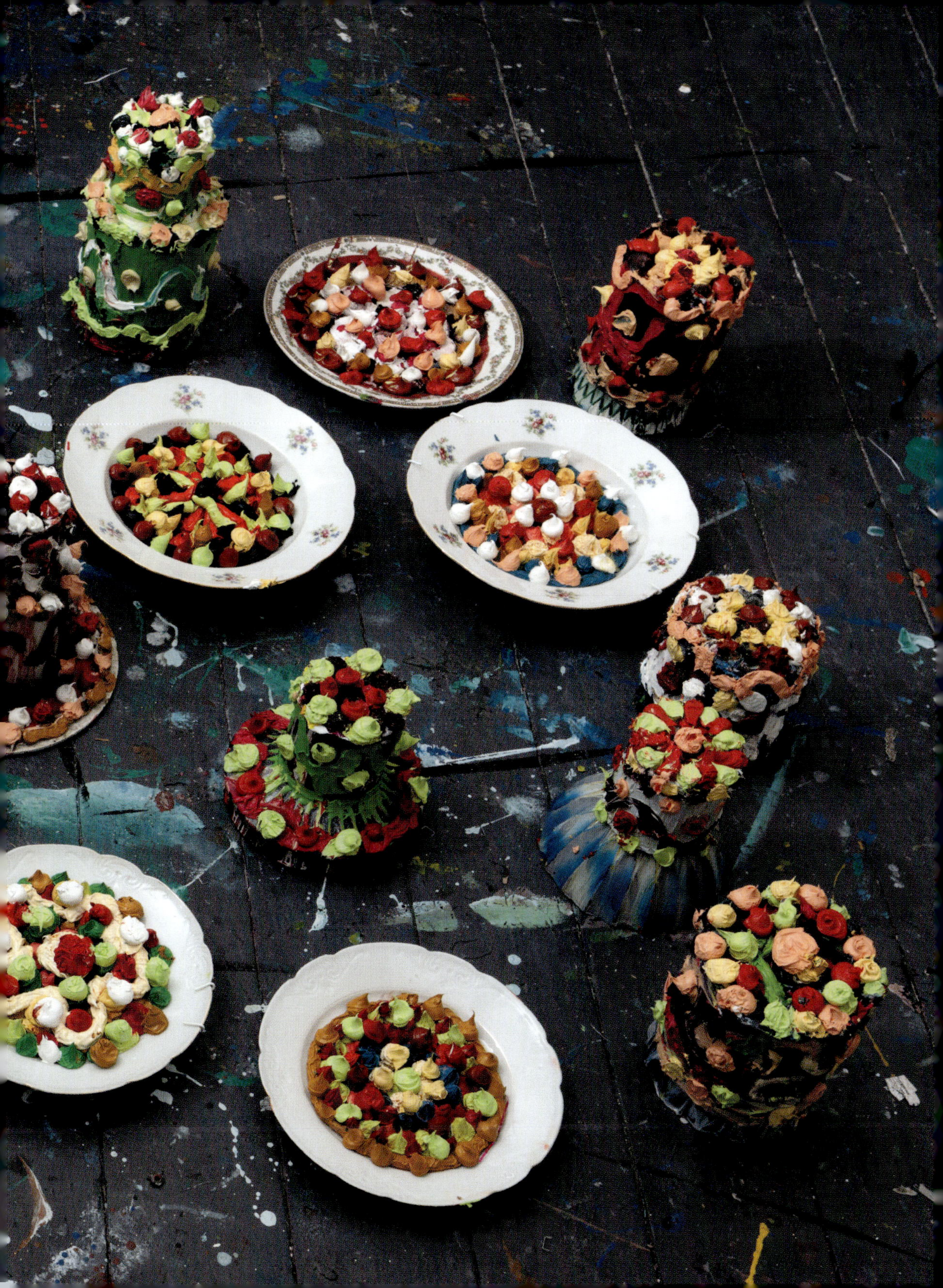

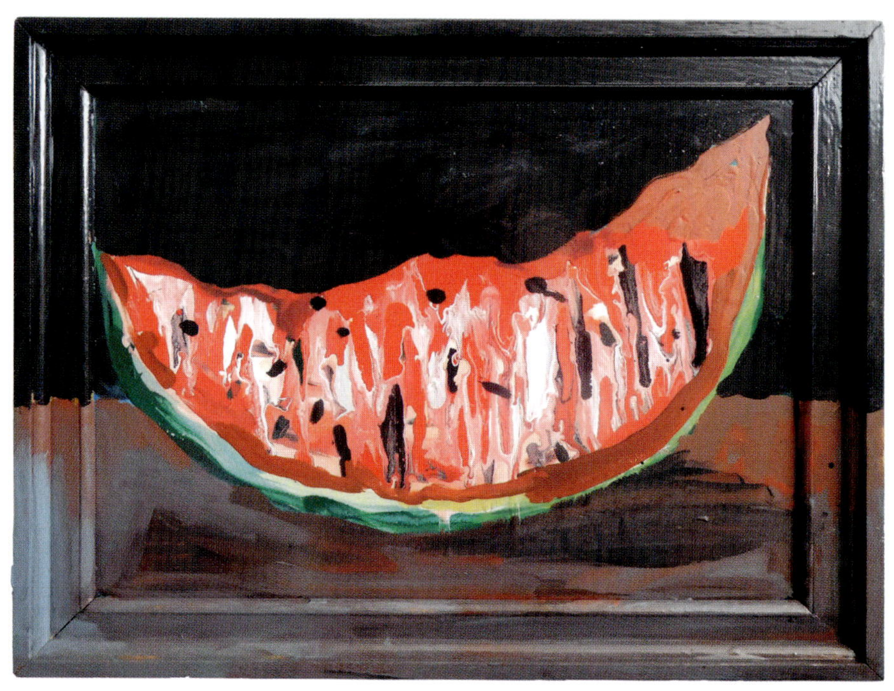

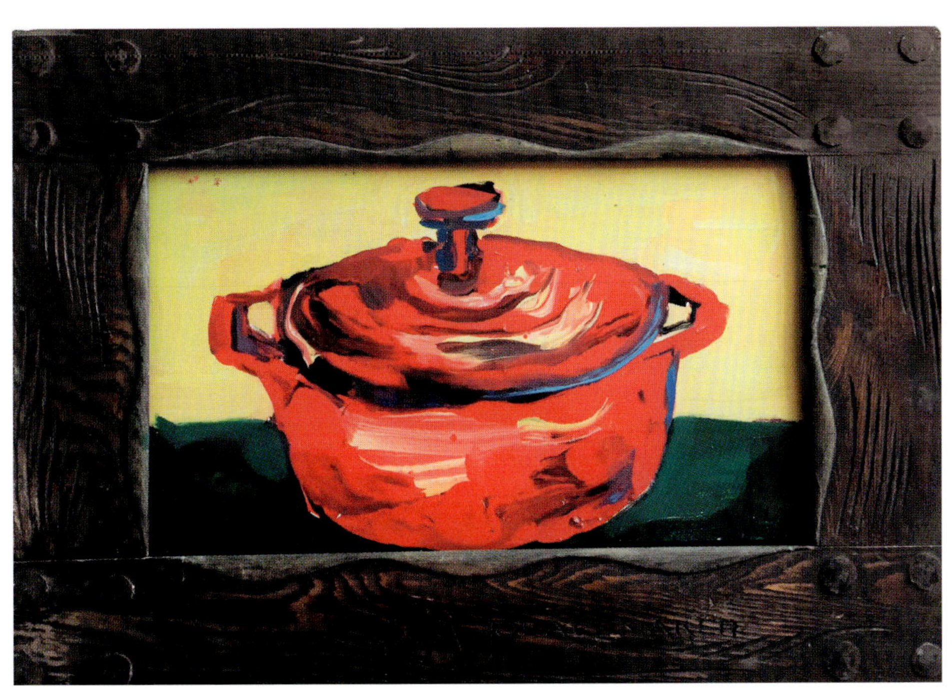

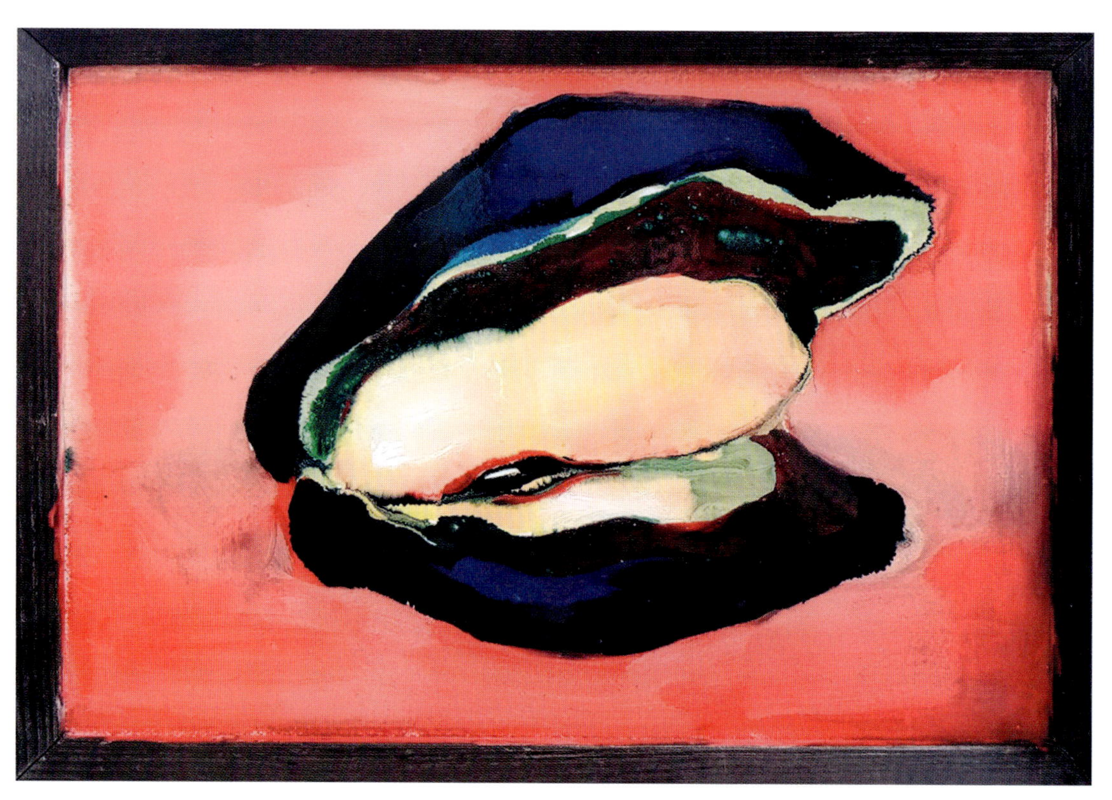

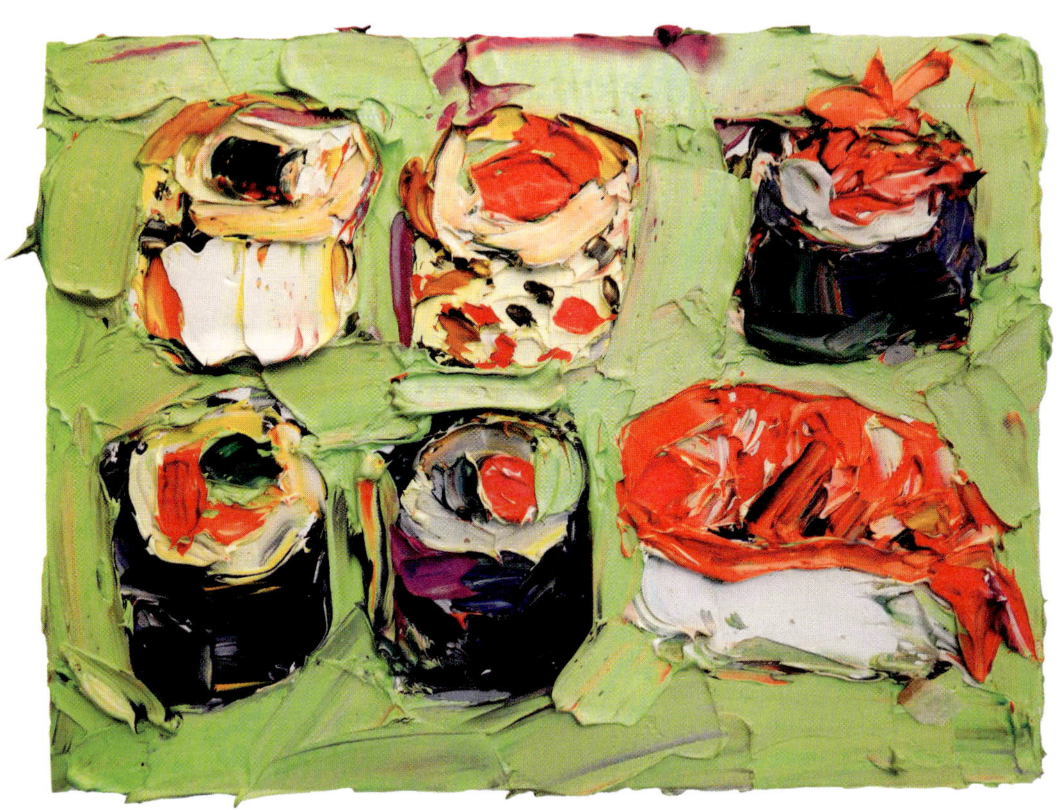

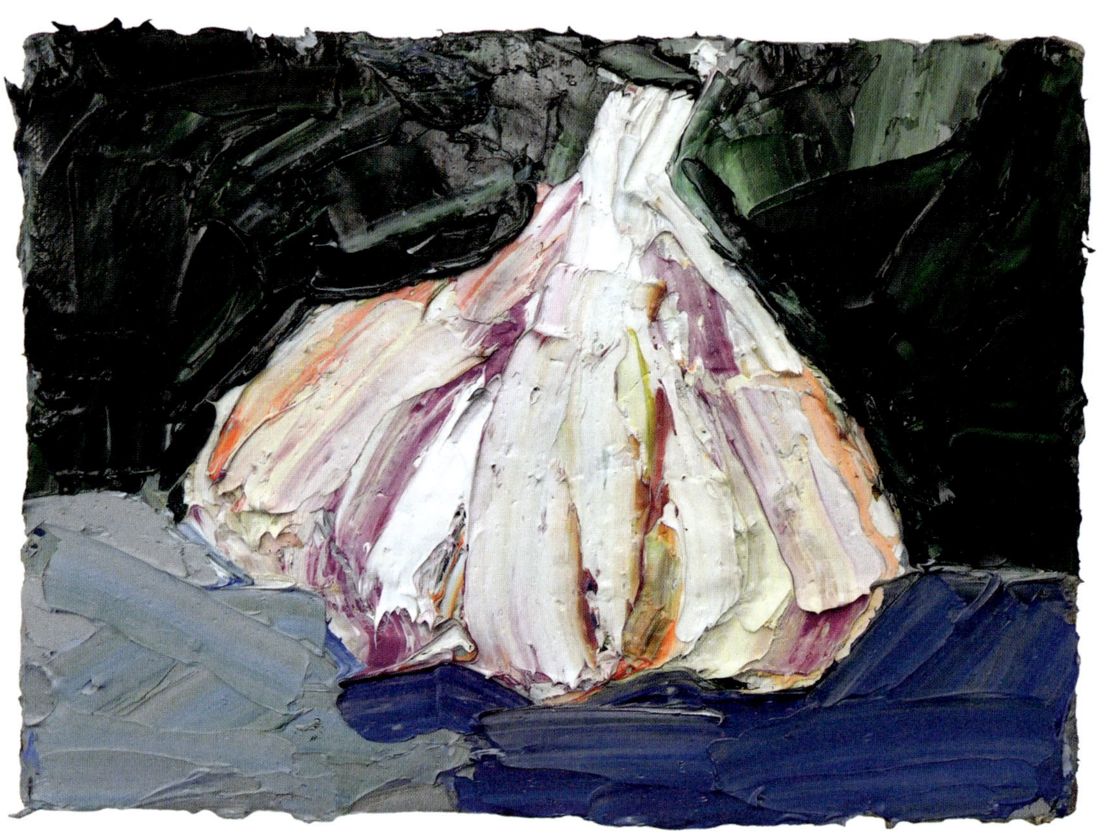

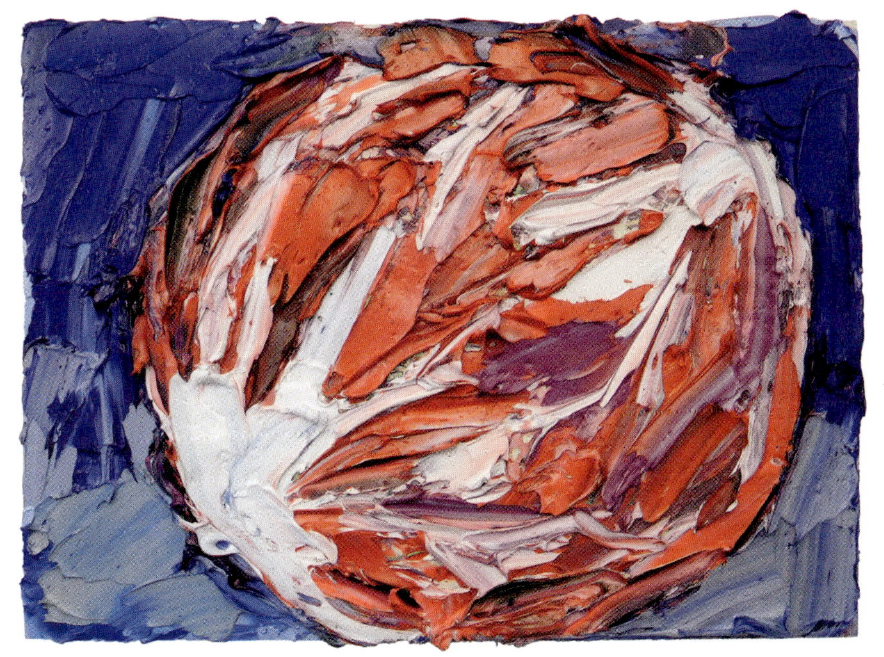

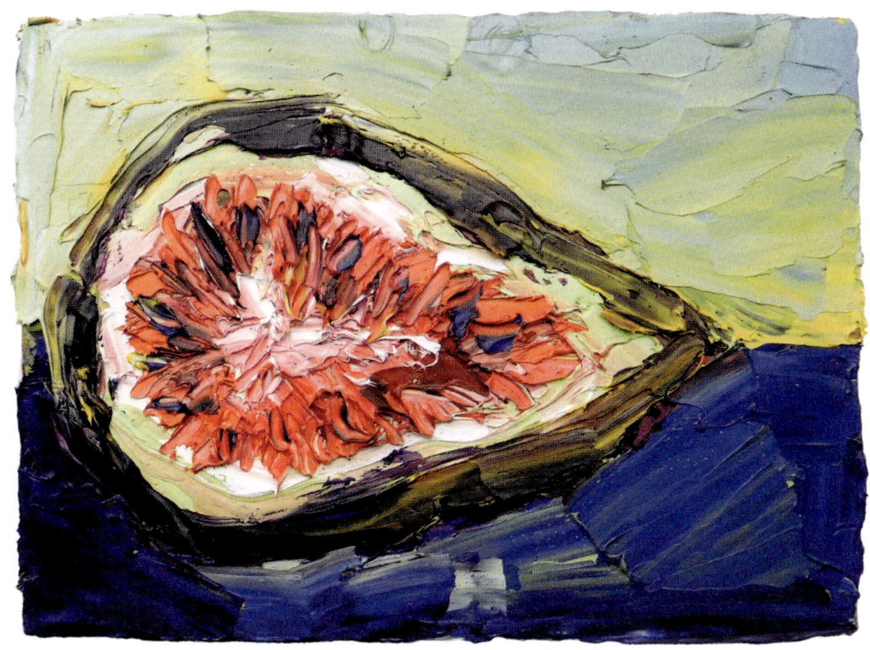

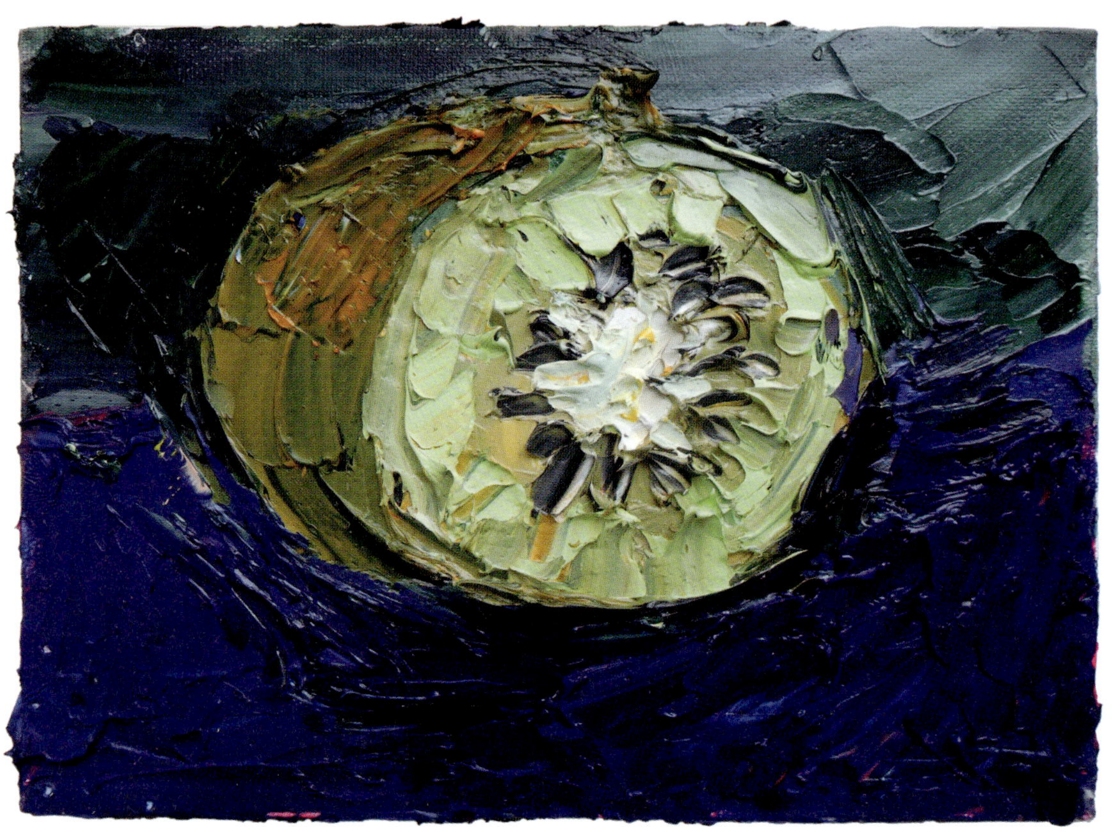

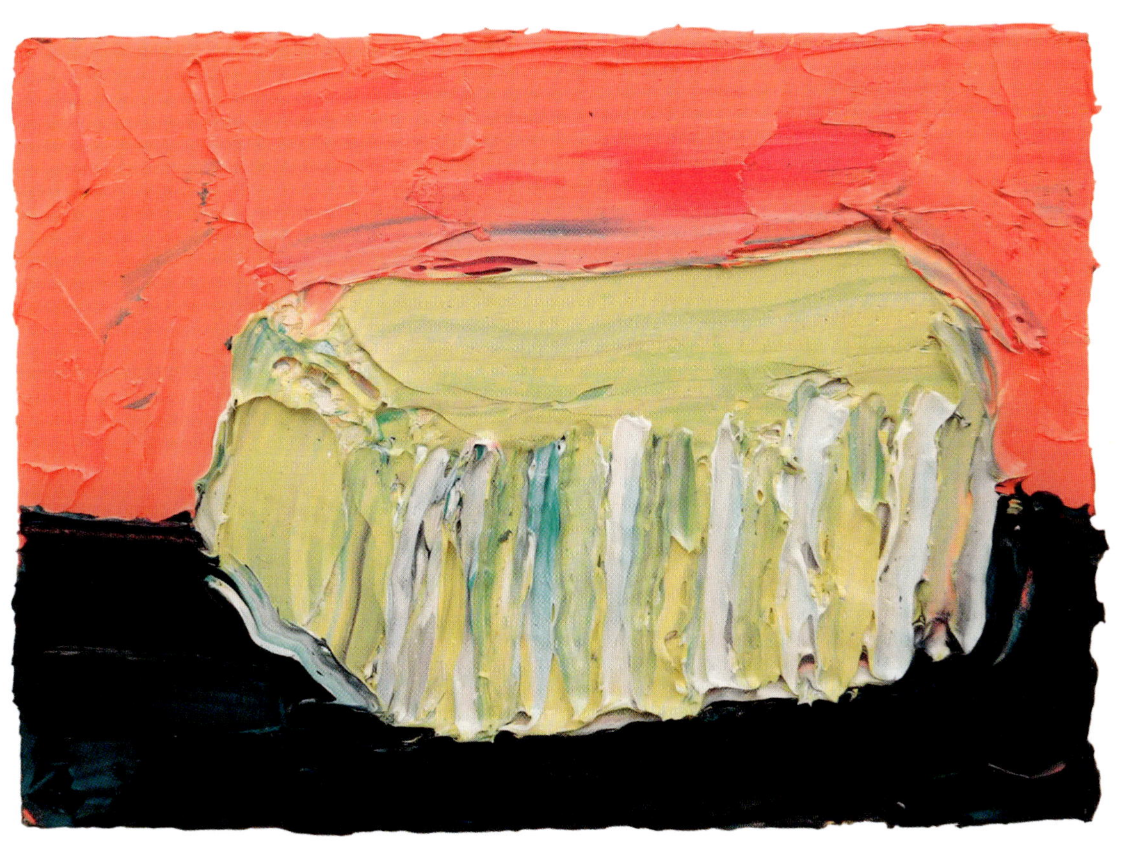

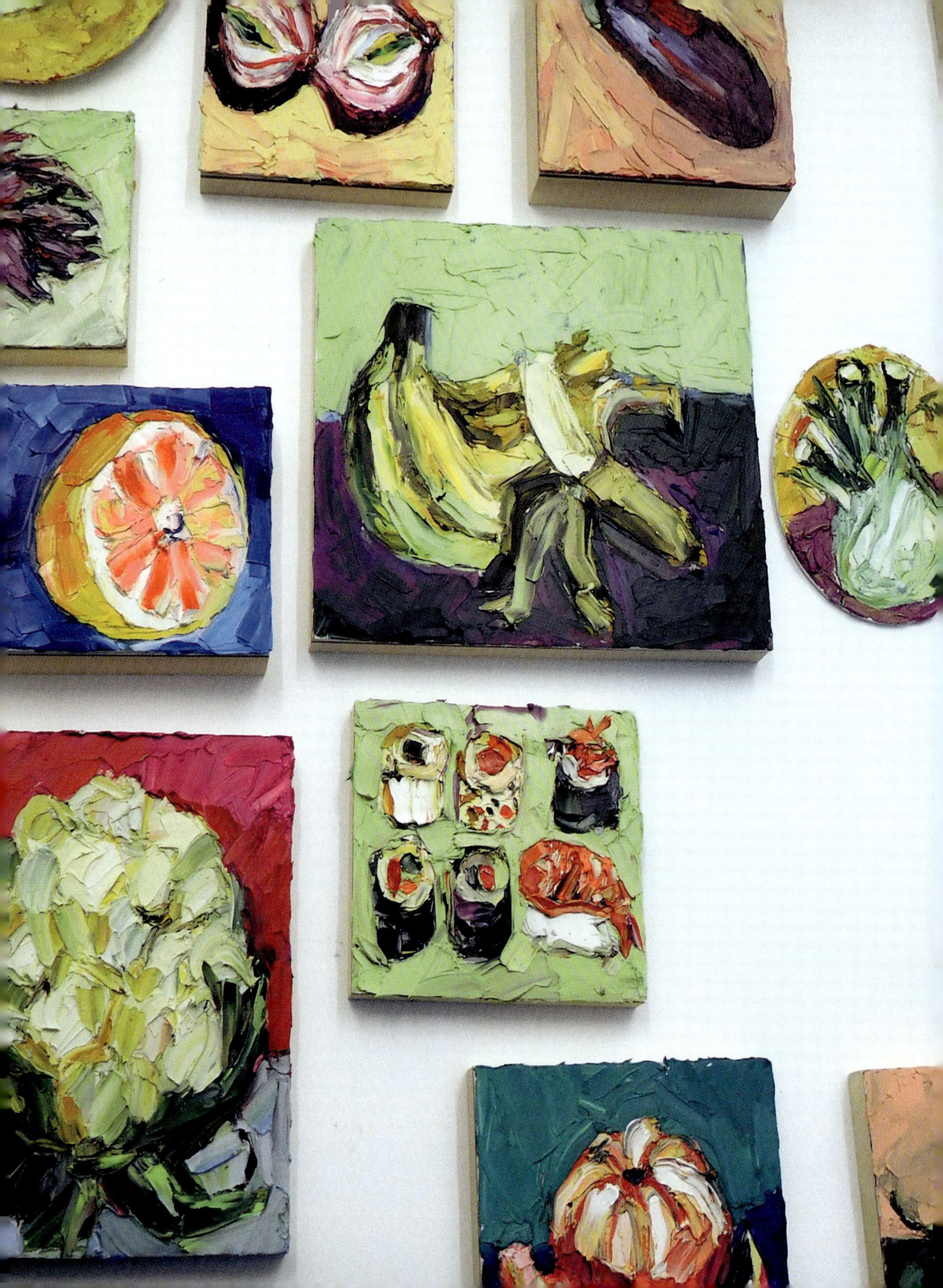

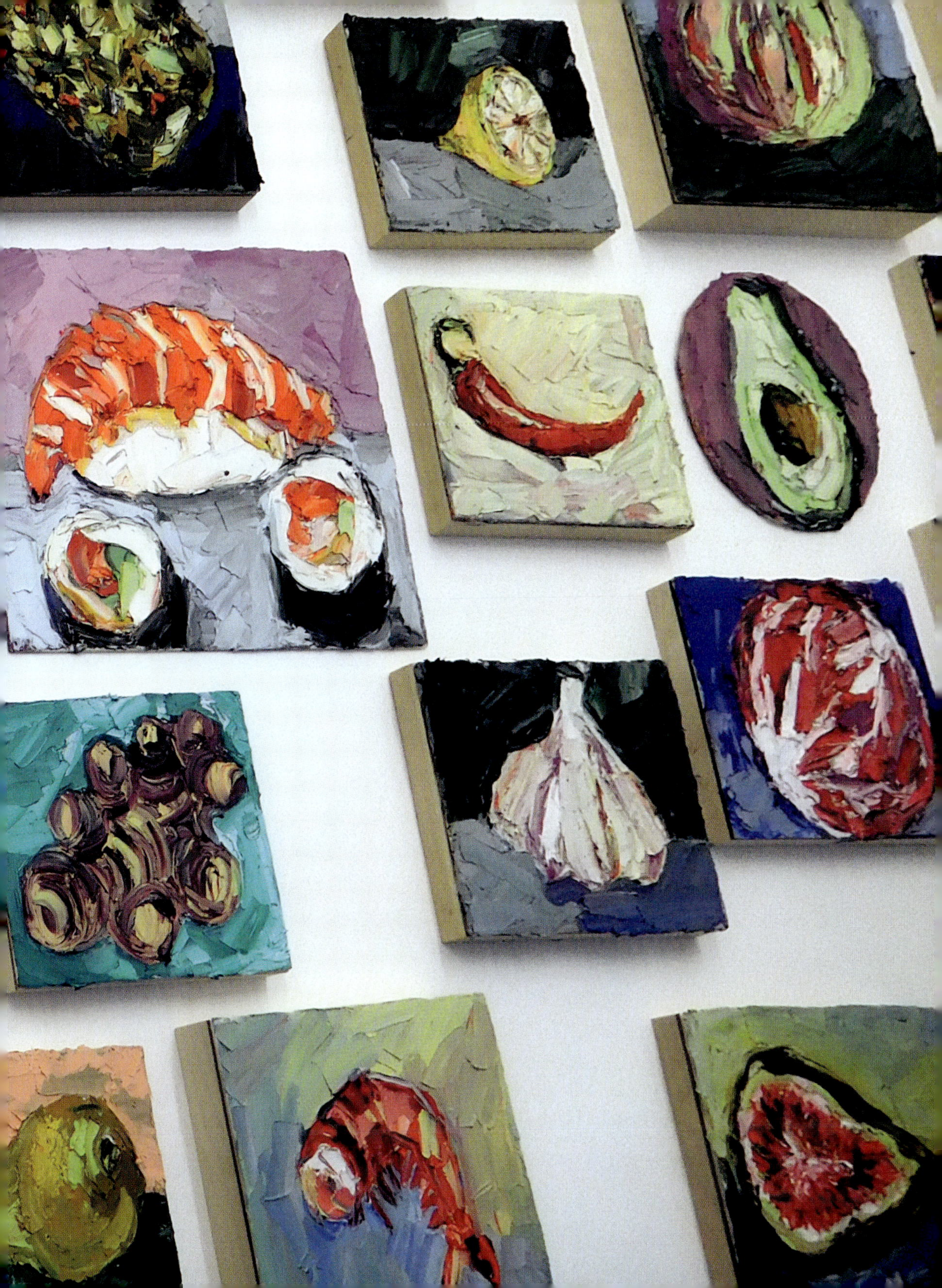

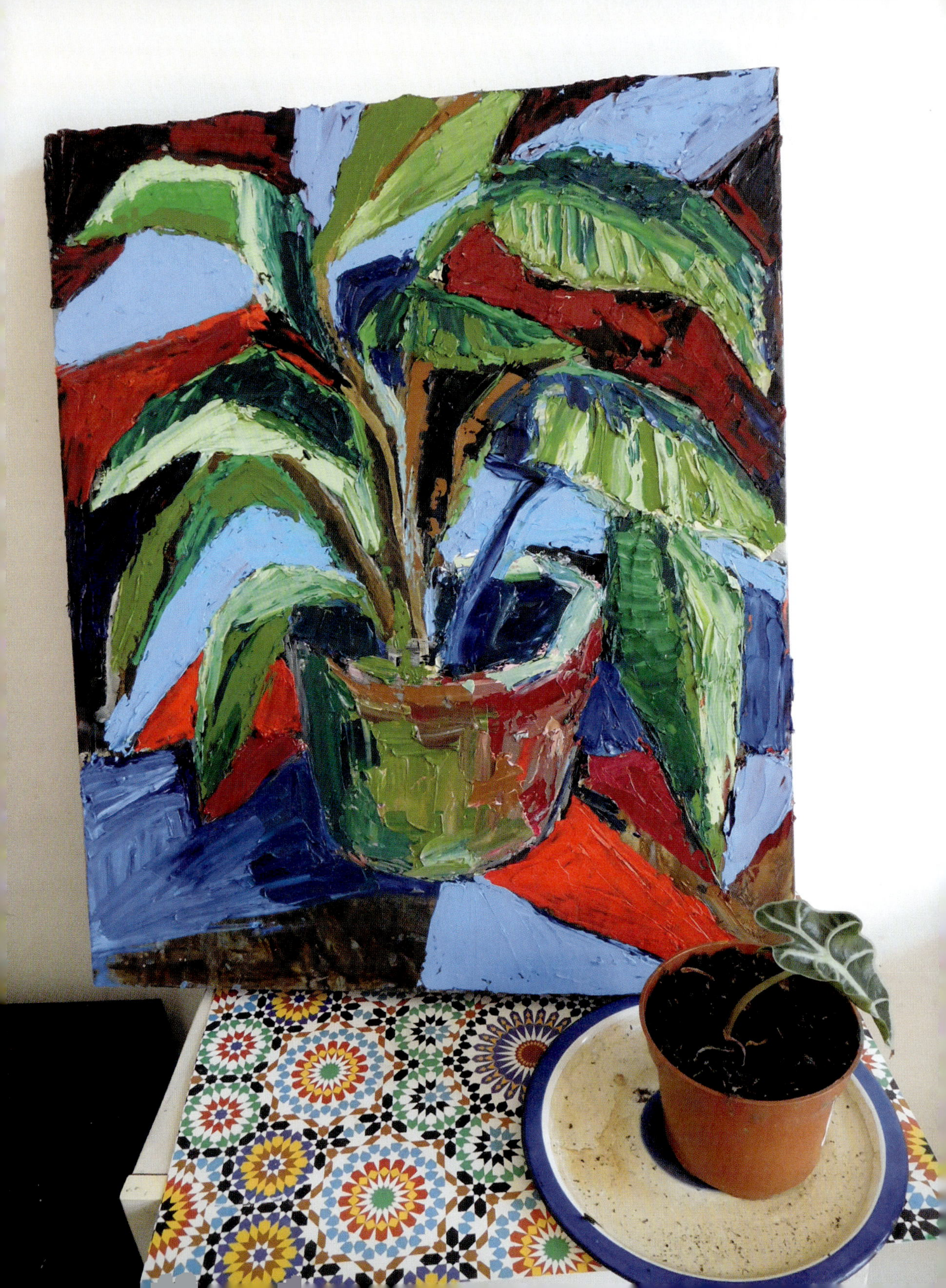

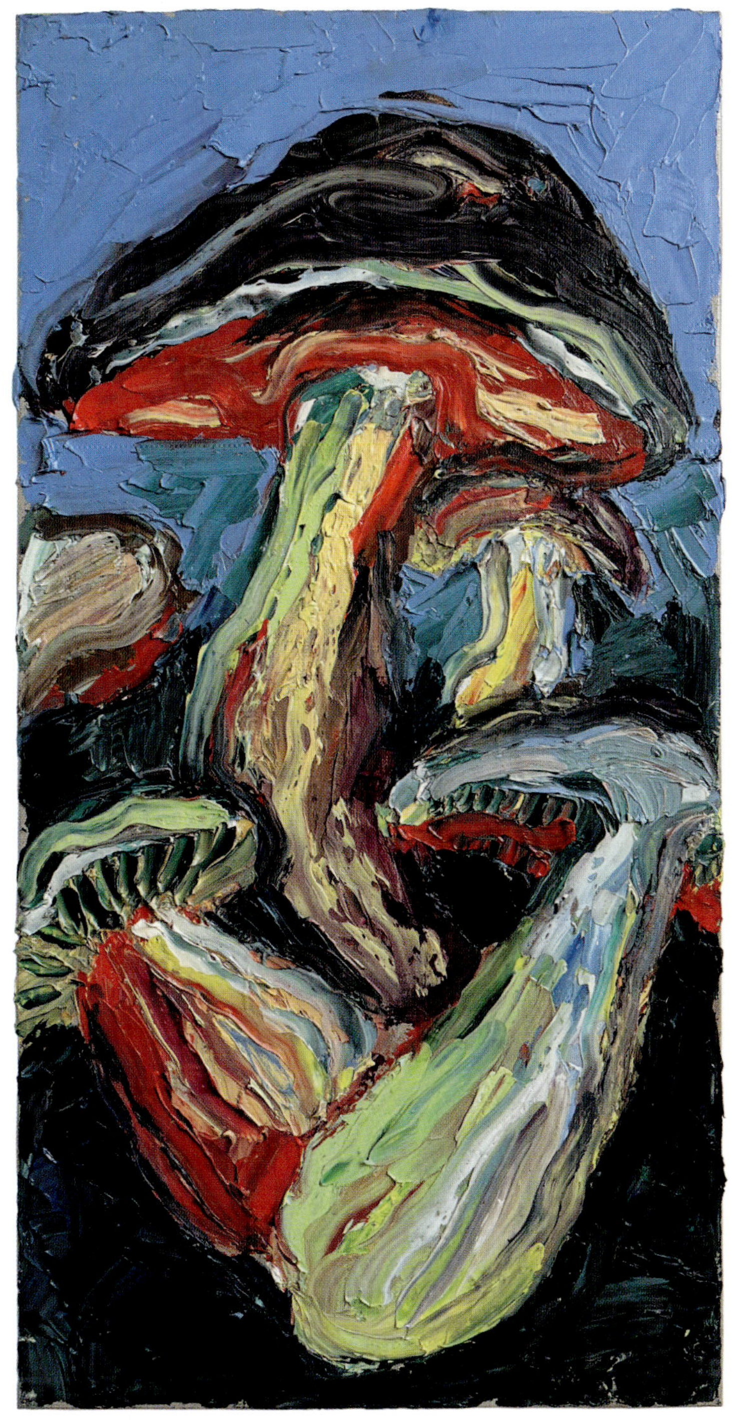

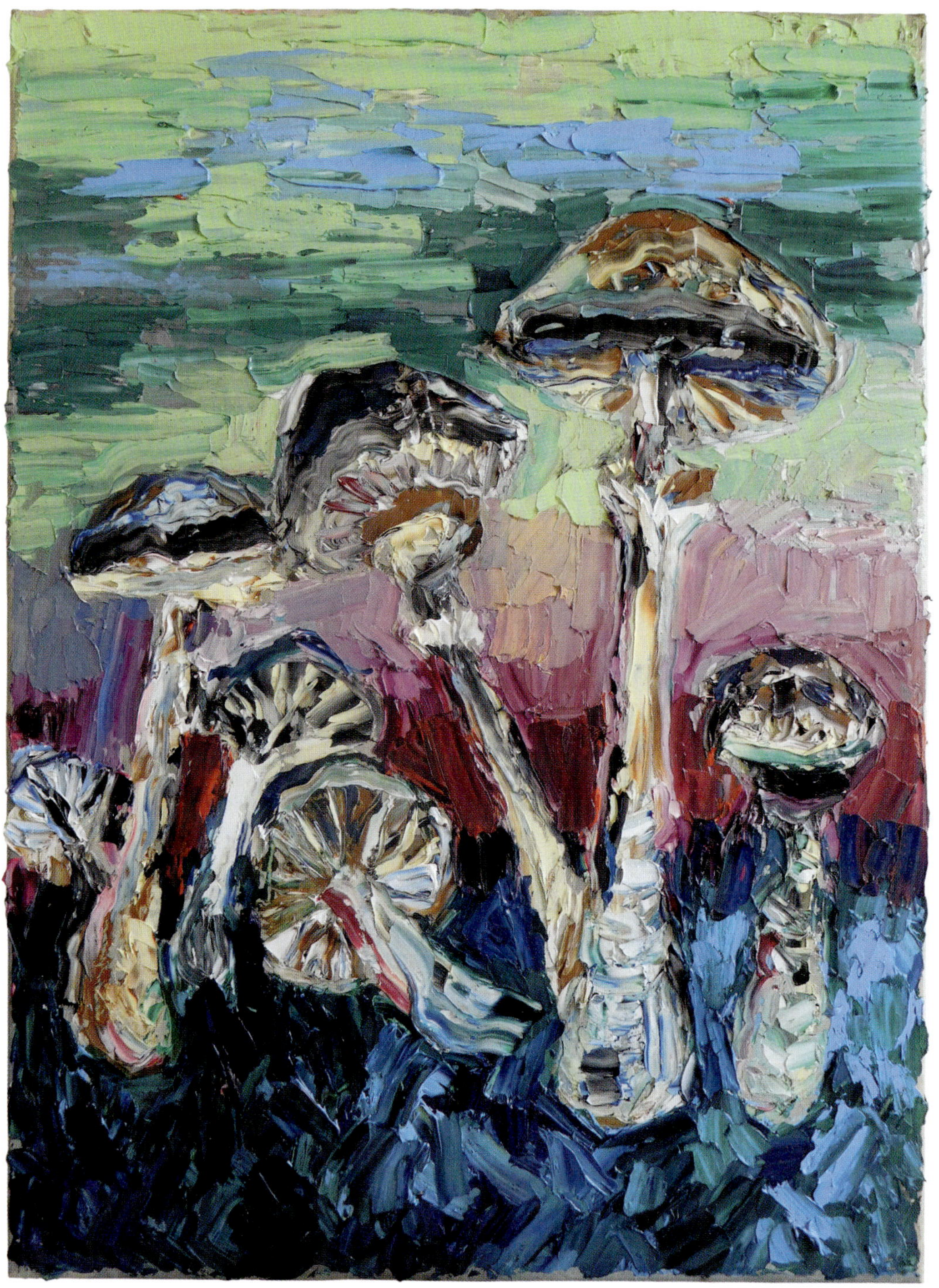

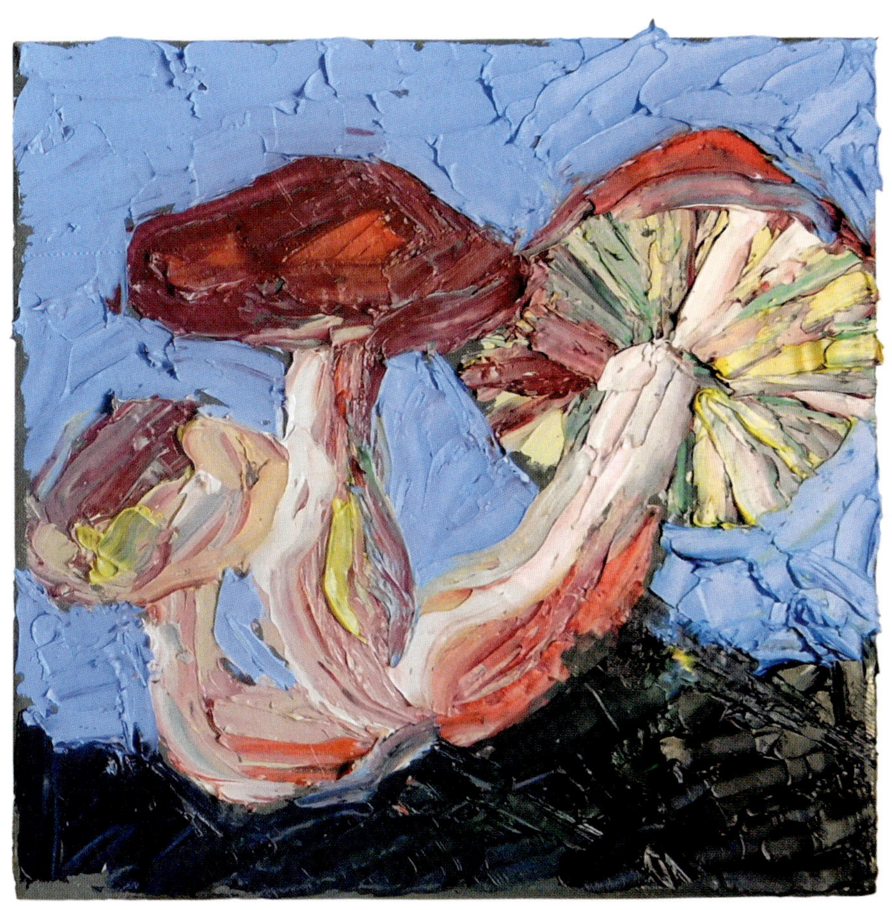

VOILÀ CE QU'IL RESTE

DE L'EN[illegible] ET DES CONFETTIS
DES FLEURS SUR LE MARBRE, DES LARMES PARCE QUE C'EST FINI,
DU SABLE DANS LES CHAUSSURES ET DES CAILLOUX DANS LES POCHES
DU SANG SUR LE TROTTOIR ET DES ENFANTS D'UN SOIR DE CARNAVAL,
CEUX QUI RESTENT APRES LA FETE, LES PILIERS DE COMPTOIRS,
QUELQUES PLUMES SUR LA PLAGE ET DES SAPINS DANS LES RUES
LES LENDEMAINS DE NOËL, RESTES DE LA FÊTE ET DE LA DEFAITE,
CES MÊMES BOUGIES QU'ON RALLUME À CHAQUE ANNIVERSAIRE,
RELIEF COMME INEGALITE DE LA SURFACE OU RESTES D'UN REPAS,
UNE PART DE GATEAU POUR DEMAIN DANS UNE BOITE EN PLASTIQUE,
CES CRIS DE JOIE ET CES PAPIERS DECHIRES, CES GUIRLANDES
QU'ON RANGE DANS UN CARTON AU GRENIER,
CES PHOTOS SUR LE MUR DE MA GRAND-MERE,
CEUX QUI RESTENT PARFOIS SONT CEUX QUI SONT DEJA PARTIS,
SOUVENIRS CHARGES OU DILUES, MELODIE SANS PAROLES,
J'AI SUREMENT CHOISI DE FAIRE DE LA PEINTURE PARCE QUE
C'EST QUELQUE CHOSE QUI RESTE.

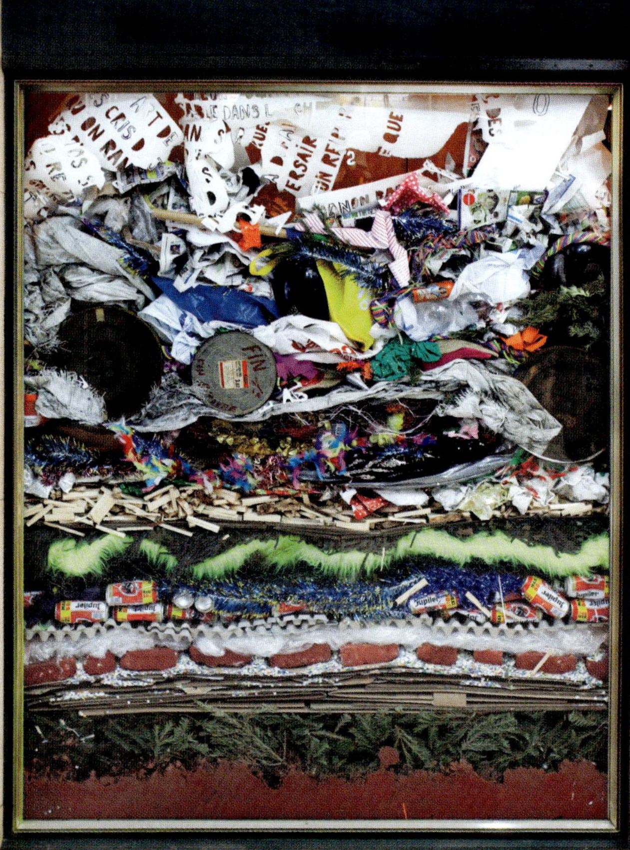

Incise Espace d'exposition - www.incise.be

Benoît Dusart

« Profite ! »

Manon Bara fait de la peinture, ce qui ne veut pas forcément dire produire des tableaux. Parce que sa pratique picturale ne s'embarrasse pas trop de la qualité des supports, parce qu'elle est sans limite, compulsive, gloutonne, chargée d'un désir trop grand pour se laisser contenir.

La meilleure peinture est donc celle d'aujourd'hui, qui se fait, qui déborde, encore humide, qui tache et colle aux doigts. C'est un miel dans lequel seraient confits Jésus et Michael Jackson, quelques dinosaures, une kyrielle de petits chats, des truands et des Johnny... Icônes populaires traitées sans condescendance, cuisinées avec le respect et la dévotion qu'impliquent les pratiques cannibales.

En conséquence, l'univers de Manon Bara lui fait corps : tout y passe et d'abord elle-même. Autoportraits et textes rythment une pratique dont la fraîcheur et les outrances excitent et percutent le regard, rechargent d'excès bienvenus les (dés)enchantements expressionnistes et pop qui charpentent son univers.

Le plus remarquable, c'est que ce dernier ne s'appuie pas sur la citation et le commentaire. La question ne porte pas sur le « populaire » en tant qu'image ou symbole, comme « vu d'en haut » par de trop nombreux artistes, pas plus qu'il ne repose sur la vaine tentative de déhiérarchiser les goûts et les formes d'expression. S'il y a effectivement appropriation, cela tient plus d'un usage pratique de l'ethos populaire que de la mise en scène d'artefacts identifiés comme kitschs, pauvres ou vulgaires. Pour le dire autrement, c'est habitée de pensées magiques et de fatalisme, d'un sens aigu de la misère ou du plaisir présents que Manon Bara peint, quitte à enfreindre les règles implicites qu'imposent ailleurs le médium et le style contemporain.

On trouve chez l'artiste une multitude d'objets, d'images, de sculpture, d'impressions – chaque élément d'exposition est investi, souvent démultiplié, sans que ne se pose la question de la rareté, de la noblesse, de stratégies suggestives et de joies différées. C'est entier, généreux, gargantuesque. Mais cette prodigalité ne se fait jamais au détriment de la peinture. Il y a chez Manon Bara un sens de la couleur et de la composition qui déborde la question des signes et de la figuration. Une efficacité du geste qui lui permet d'user de narration et d'anecdotes, sans que ne se perdent en cours de route les enjeux proprement picturaux. Elle pourrait littéralement peindre n'importe quoi, mais jamais aveuglément : jusqu'aux moindres détails, tout est toujours incarné. Le miroitement des laques industrielles, la monumentalité ou la petitesse des formats, la radicalité du geste, la densité des traits... tout concourt à rendre en gravures, dessins et peintures, l'allégresse et l'amertume, la violence, les rêves, la fête et les regrets, les chiens et les gens... dans ce qu'ils ont de plus beau et cruel, à deux doigts du naufrage qu'ils se promettent, forts du bonheur déjà conquis.

Benoît Dusart

'Enjoy!'

Manon Bara engages in painting, which doesn't necessarily mean that one actually produces paintings. Indeed her pictorial practice doesn't worry overmuch about the quality of supports, and this is because she is inexhaustible, insatiable, awash with a desire that is too strong to allow anything to contain it.

The best painting is therefore today's painting, in progress, overflowing, still wet, splotching and sticking to your fingers. It is like a form of honey in which Jesus and Michael Jackson, a few dinosaurs, a whole crowd of little cats, hoods and Johnnies are candied together... popular icons treated unpatronisingly, cooked with the respect and the devoutness implied by cannibalistic practices.

As a consequence, Manon Bara's universe forms one single body with her: nothing escapes, least of all the artist. Self-portraits and texts are found throughout a practice in which coolness and extravagance enthuse and impact our gaze, reloading with welcome excesses the expressionist and pop (dis)enchantments that structure her universe.

The most remarkable feature of her universe is that she does not rely on quotations and commentaries. At stake is not the 'popular' as image or symbol, as it is 'seen from above' by too many artists, nor does this universe rest on the pointless attempt to de-hierarchise tastes and forms of expression. If indeed there is an element of appropriation, this is more a matter of making some practical use of the popular ethos than of staging artefacts that are identified as kitsch, poor or vulgar. To put this differently, Manon Bara actually paints as someone who is haunted by magical thoughts and fatalism, with an acute sense of the misery or the pleasure of the present time, even if it implies infringing upon the implicit rules imposed elsewhere by the medium and by contemporary style.

The artist shows a multitude of objects, images, sculptures, impressions — each and every element in an exhibition is invested, often multiplied, without thereby raising the questions of rarity, of nobleness, of suggestive strategies and deferred joys. This is all forthright, generous, gargantuan. However such prodigality never works to the detriment of painting. There is in Manon Bara a sense of colour and composition that goes beyond the question of signs and of figuration. An efficacy of gesture which makes it possible for her to use narration and anecdotes, without jettisoning the actual pictorial stakes along the way. She could literally paint anything, but never unthinkingly: down to the tiniest detail everything is embodied. The shimmer of industrial enamel paint, the monumentality or smallness of sizes, the radical nature of the gesture, the density of strokes: this all contributes to rendering through engravings, drawings and paintings, a sense of elation and bitterness, violence, dreams, celebrations and regrets, dogs and people... in all their beauty and cruelty, just inches away from the shipwreck they can envision, strong in the happiness they have already conquered.

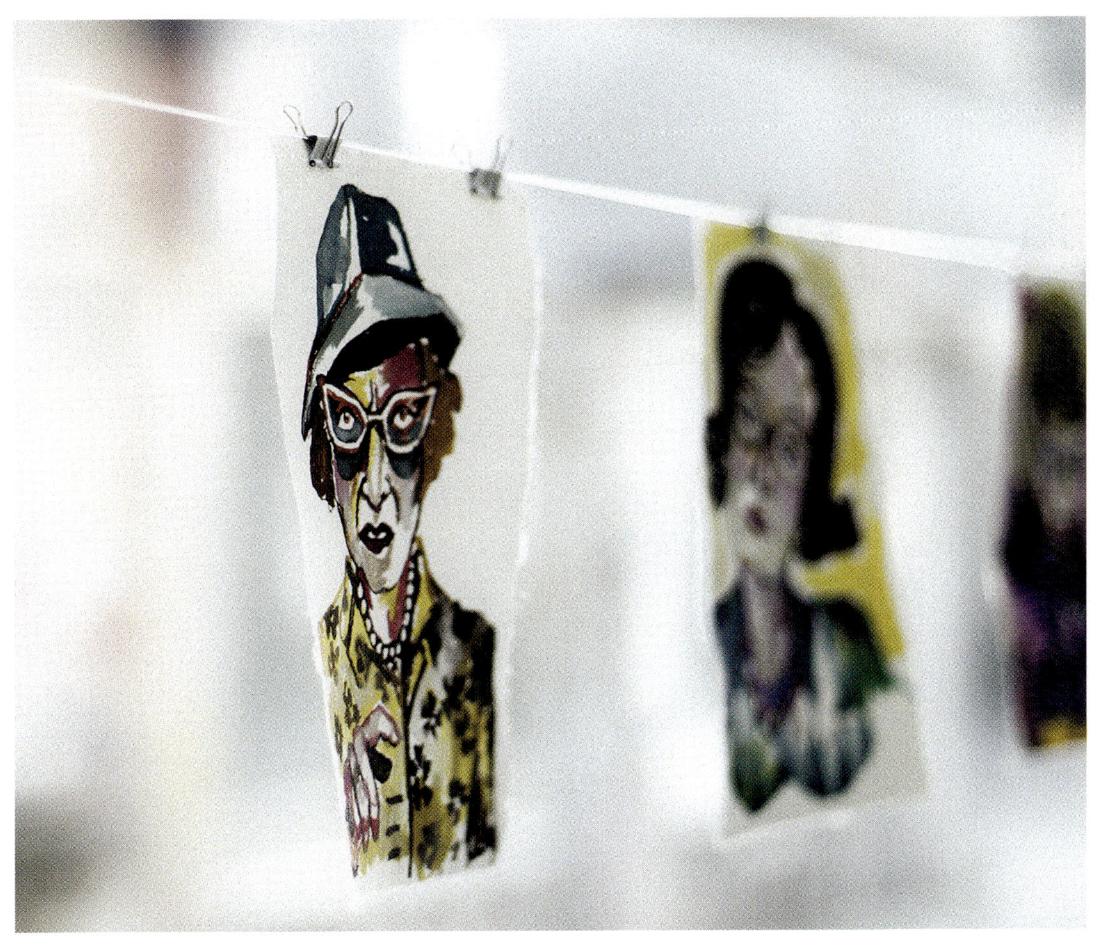

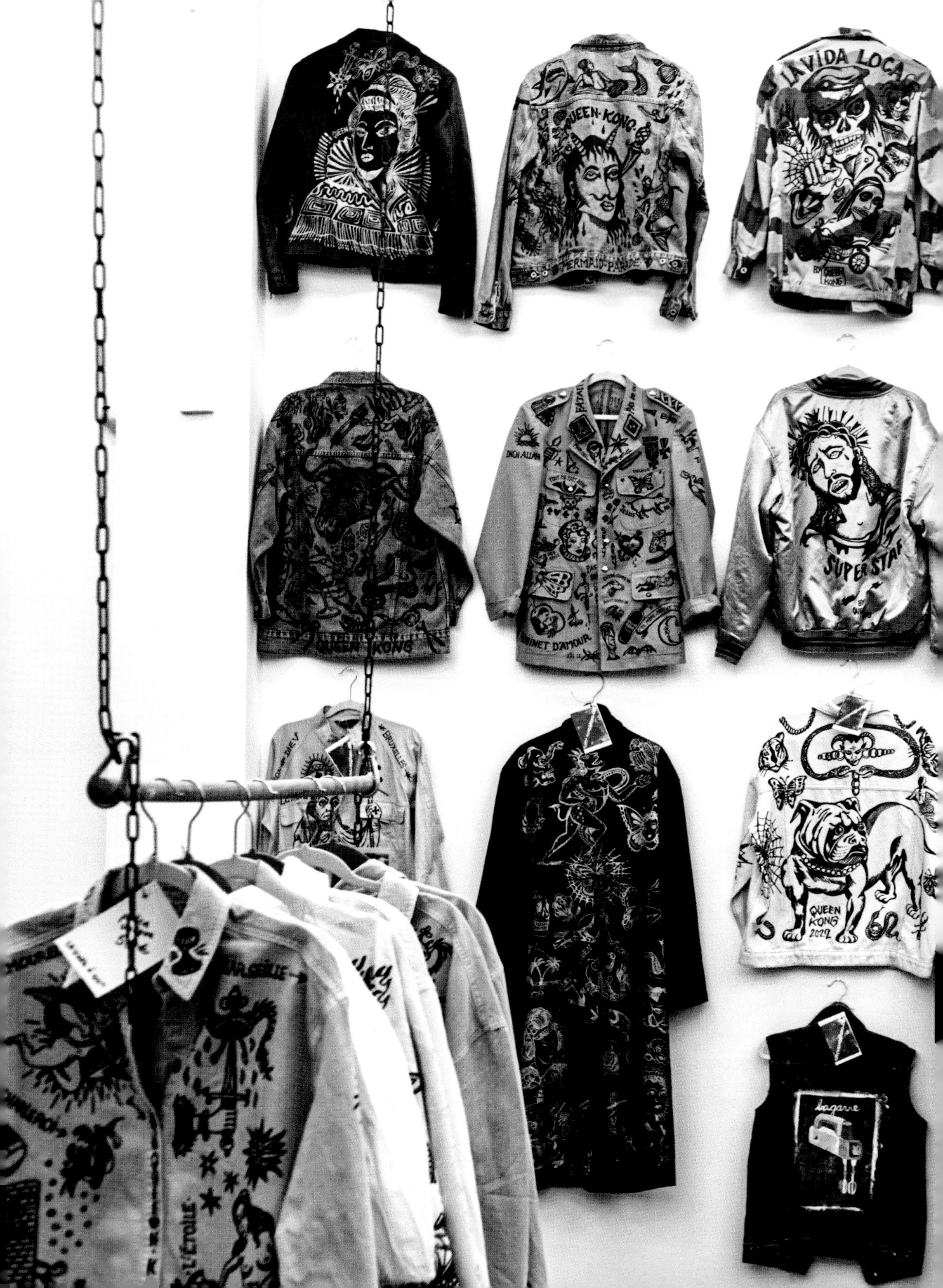
LA VIDA LOCA
QUEEN-KONG
MERMAID-PARADE
BY QUEEN KONG
INCH ALLAH
QUEEN KONG
SUPER STAR
BRUXELLES
QUEEN KONG 2022
bagarre
MARSEILLE

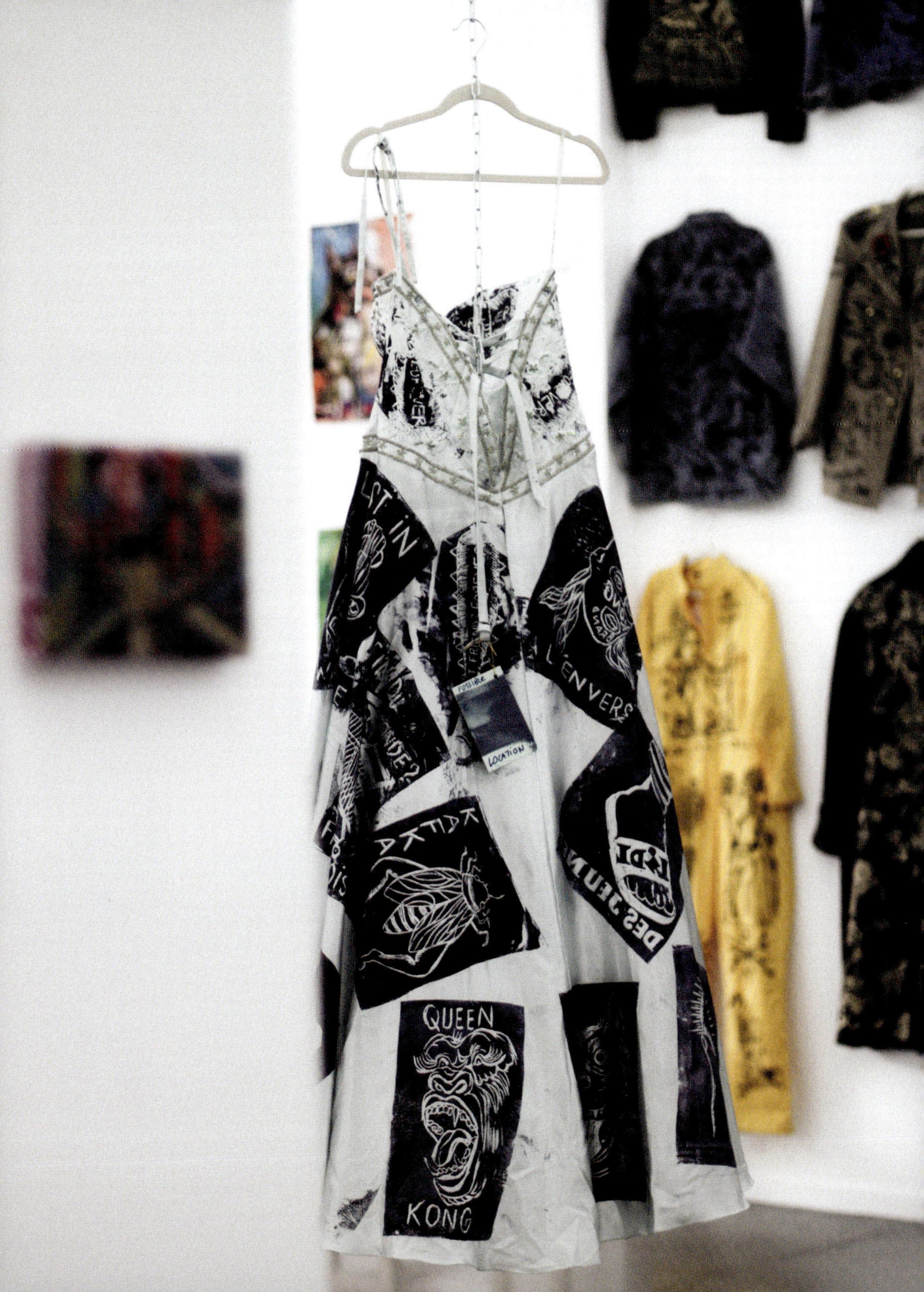
L'ENVERS
POSSIBLE
LOCATION
QUEEN
KONG

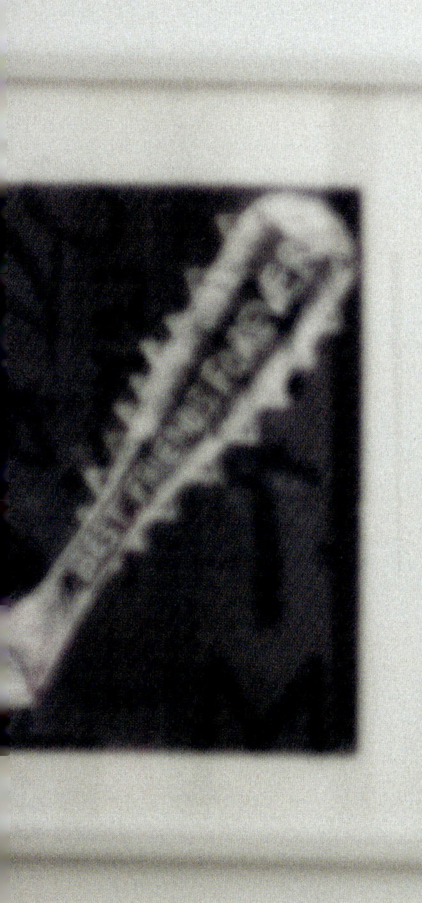

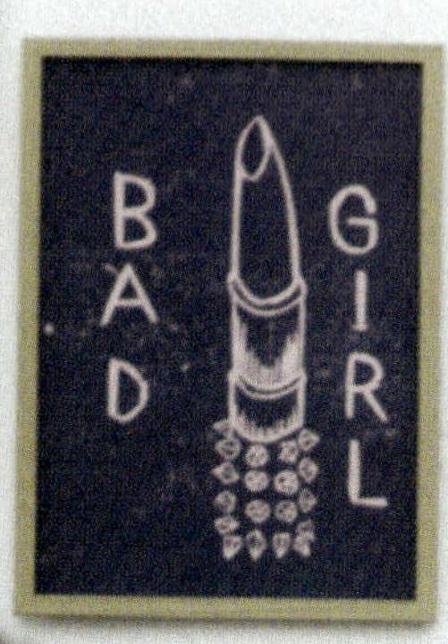
BAD
GIRL

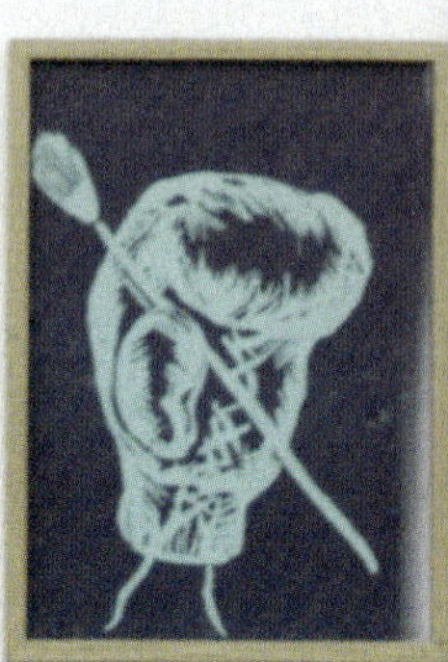

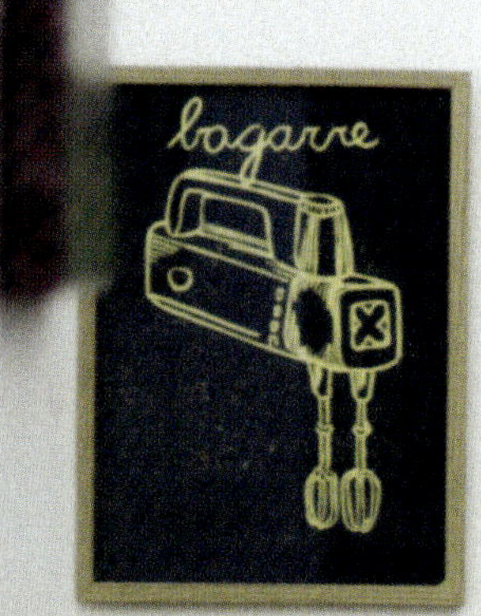
bagarre

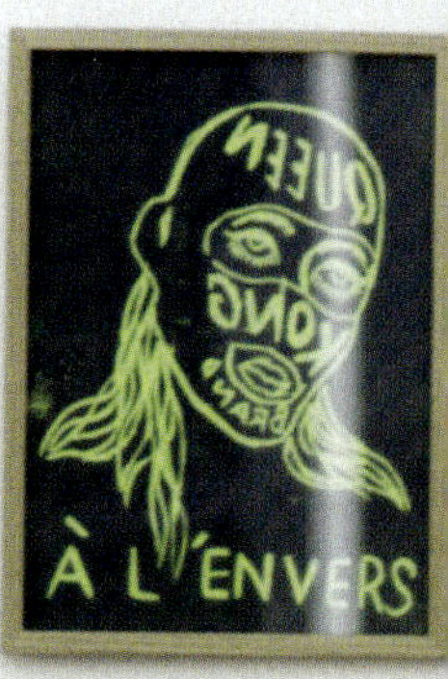
QUEEN
KONG
À L'ENVERS

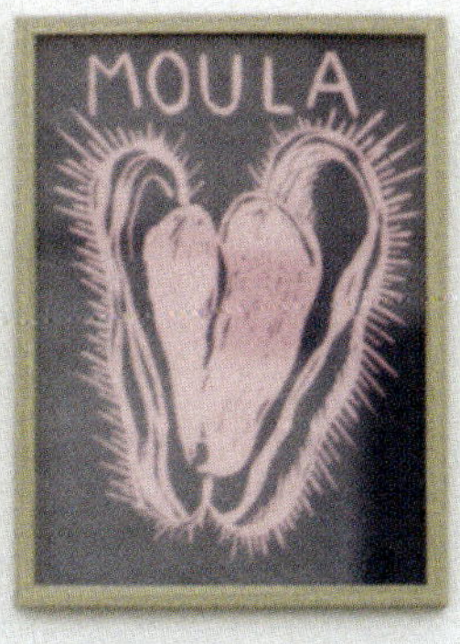
MOULA

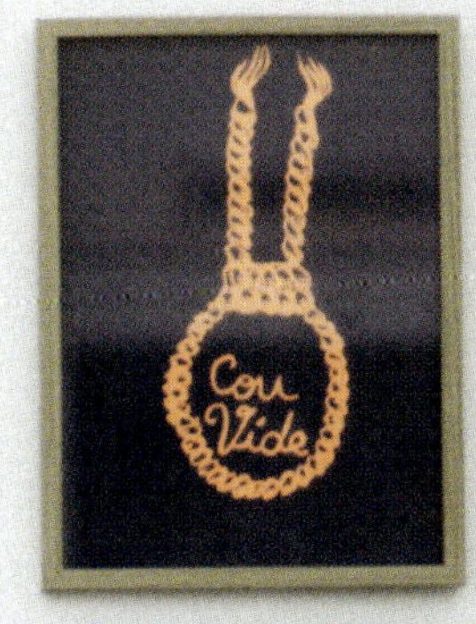
Cou
Vide

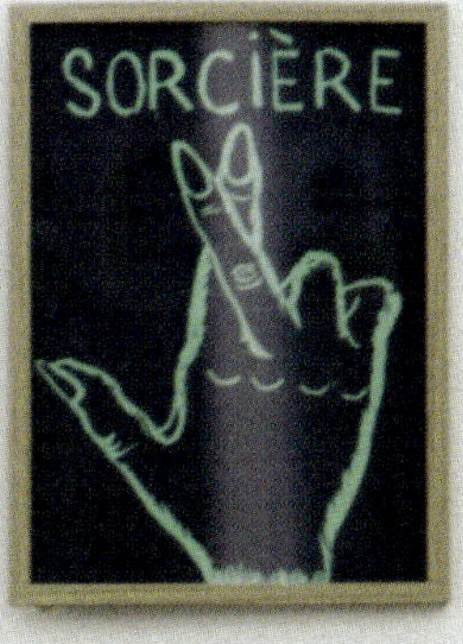
SORCIÈRE

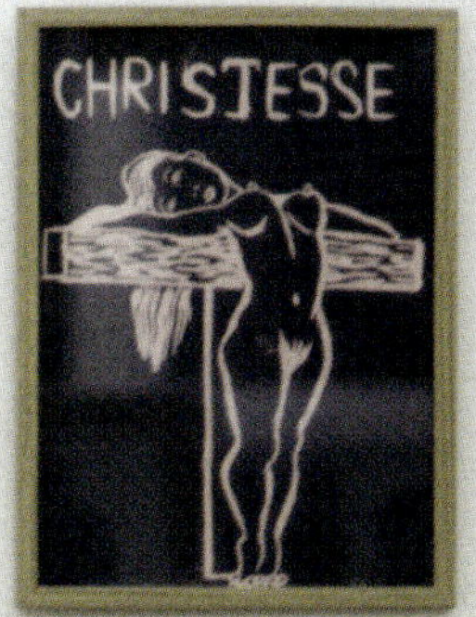
CHRISTESSE

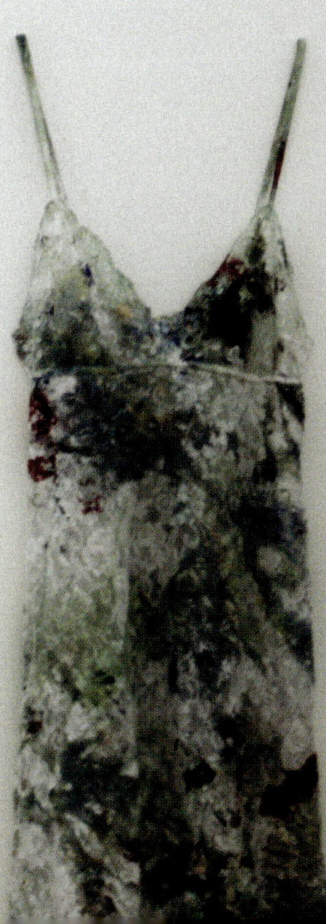

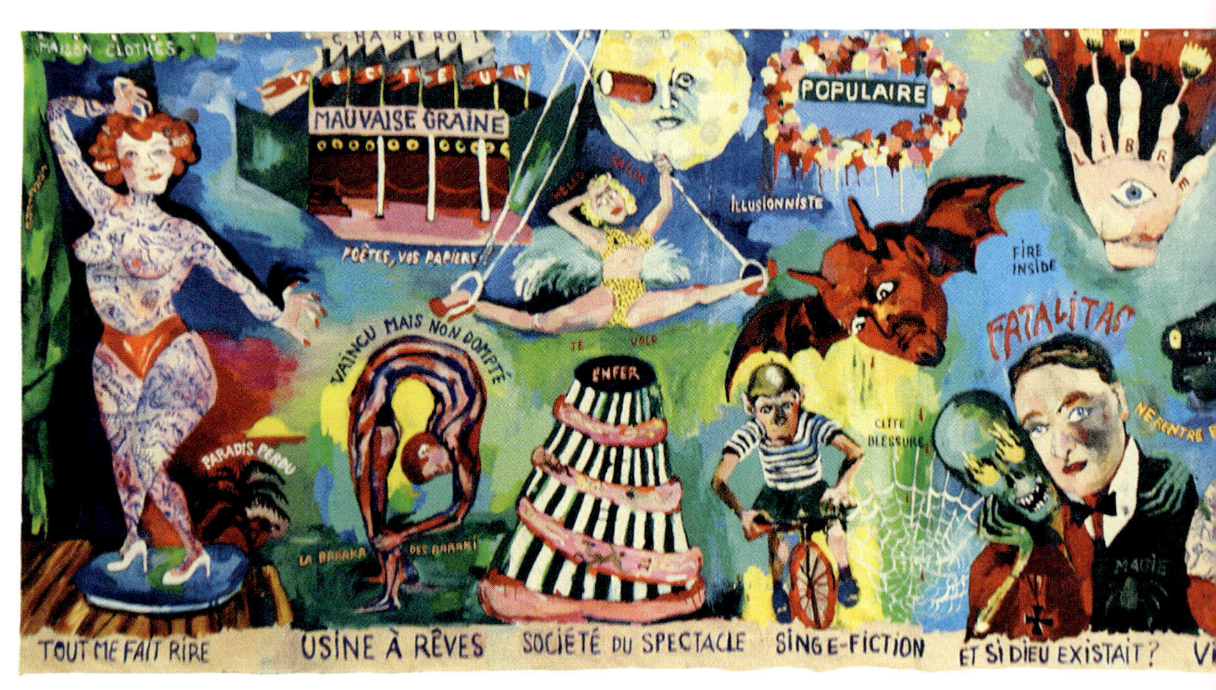
MAISON CLOTHES
CHARLEROI
MAUVAISE GRAINE
POPULAIRE
LIBRE
POÈTES, VOS PAPIERS
ILLUSIONNISTE
FIRE INSIDE
VAINCU MAIS NON DOMPTÉ
ENFER
FATALITAS
PARADIS PERDU
CETTE BLESSURE
LA BARAKA DES BARAKI
MAGIE
TOUT ME FAIT RIRE
USINE À RÊVES
SOCIÉTÉ DU SPECTACLE
SINGE-FICTION
ET SI DIEU EXISTAIT?

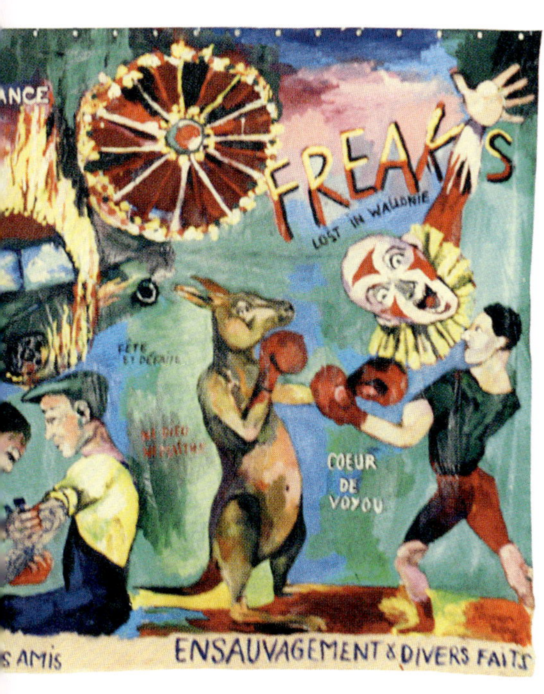
ANCE
FREAKS
LOST IN WALLONIE
COEUR
DE
VOYOU
S AMIS
ENSAUVAGEMENT & DIVERS FAITS

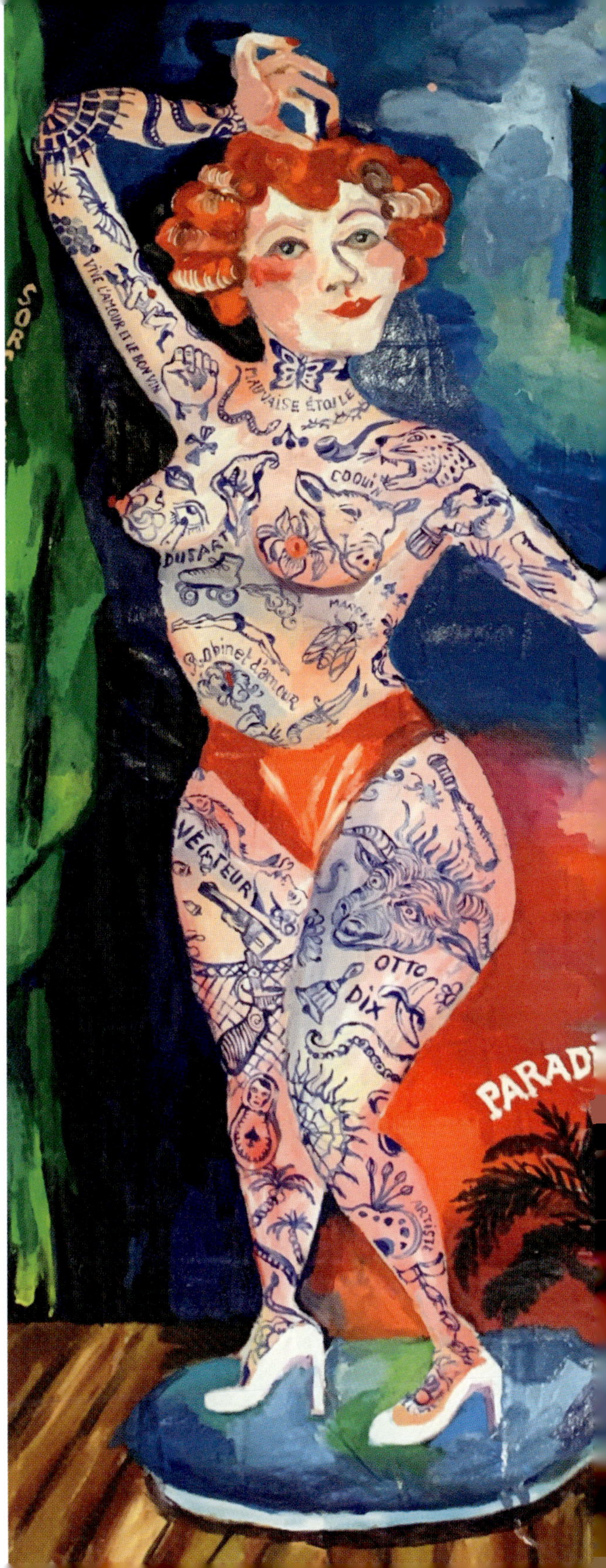

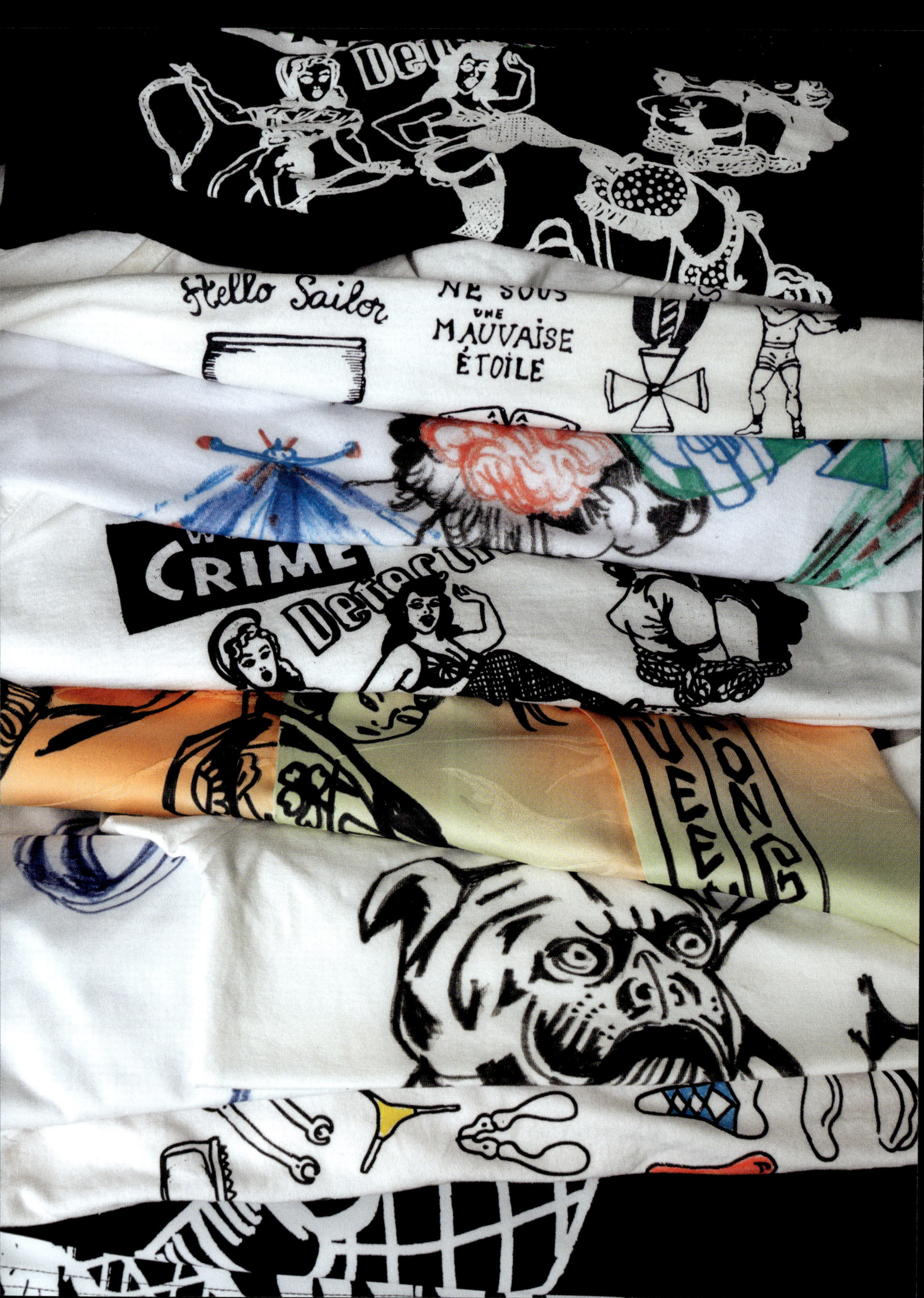

Hello Sailor
NÉ SOUS
UNE
MAUVAISE
ÉTOILE
CRIME

Le temple culte de la frite c'est la kermesse, décor « carton-pâte » avec des coca-colas géants de 2 m 50 et des filles en bikini peintes à l'aérographe. C'est le rendez-vous drague par excellence, pommes d'amour siliconées et cervelas gonflés aux hormones. Défilés des mannequins de boucherie ! Y'a du monde au balcon. C'est le paradis des "endimanchés du dimanche, chemise ouverte et jogging Adidas. Cris d'adrénaline sur fond de techno. Roulez jeunesse, sur la piste aux étoiles, mini short rose fluo et jupe parasol font des ∞ avec leurs fesses. C'est bon pour le moral les pantalons taille basse. Mon manège à moi, c'est toi.

Ça sent le barbecue et la moule grillée. Y'en a pour tous les goûts, tous les formats. Tir à la carabine et mitraillette sauce mafia. Si je devais écrire une encyclopédie sur la frite, je choisirais le "Q" comme coups de cigare à Trafalgar, mélange de sucre et de graisse. À la fête foraine, on se nourrit d'abord les yeux. On aime quand ça bouge, quand ça déborde un peu du cornet. La vie est belge. On est heureux. Les gros bulots malabar restent tranquilles dans leur jus et les caricoles se laissent décortiquer. Comme à la pêche à la ligne, on gagne à tous les coups. Madame, là-bas a gagné un beau lapin. Ici tout le monde a la frite au bec et les soucis loin derrière.

Manon

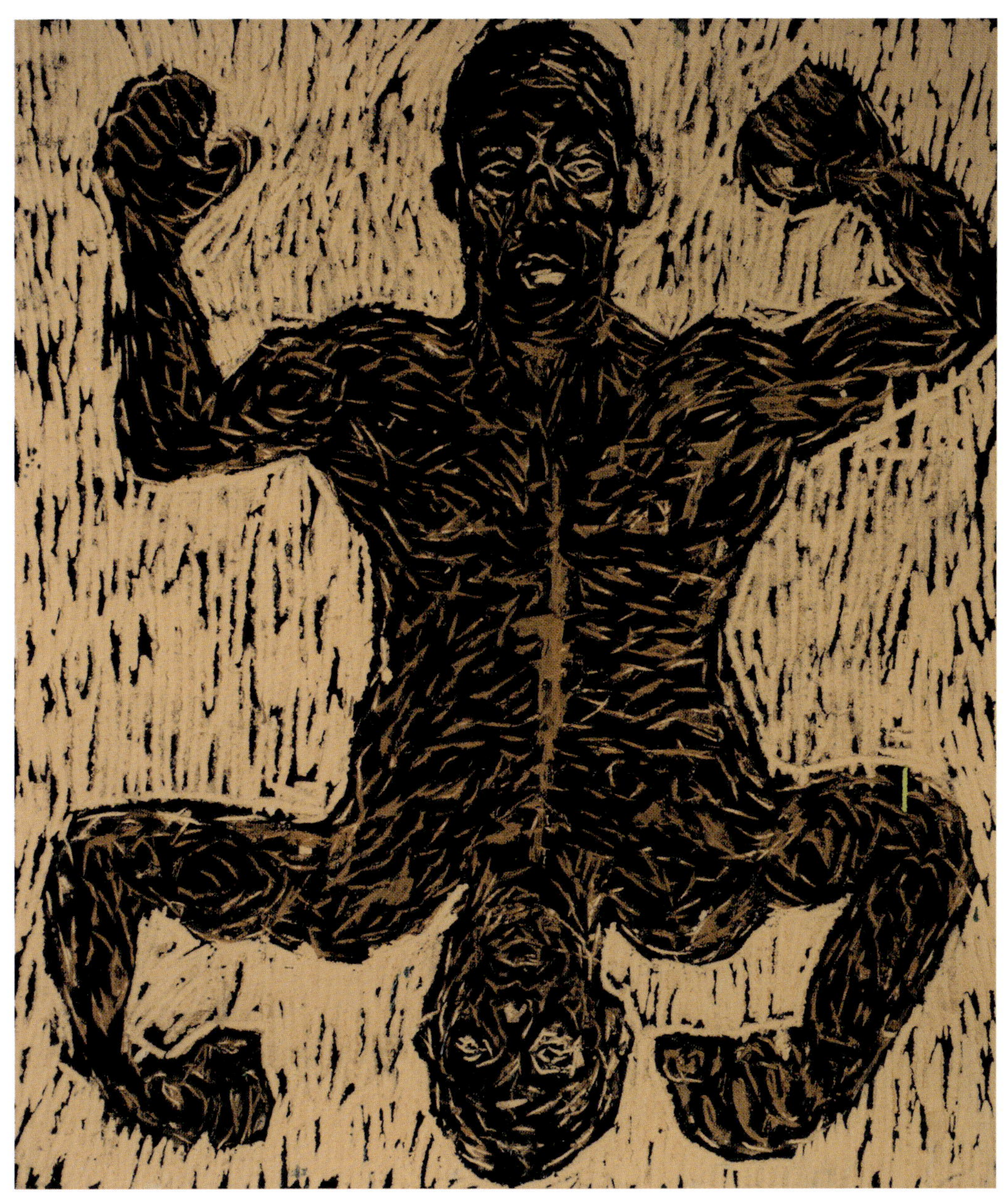

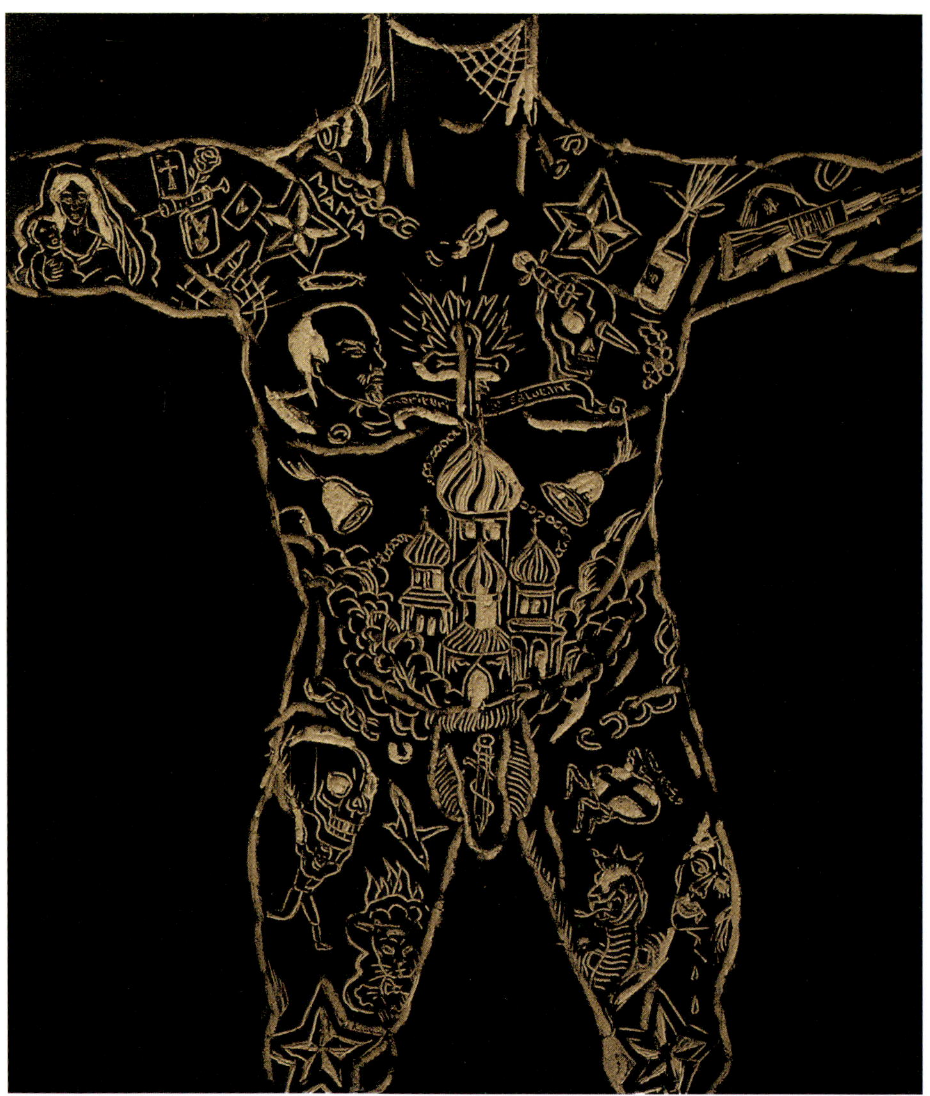
МАМА

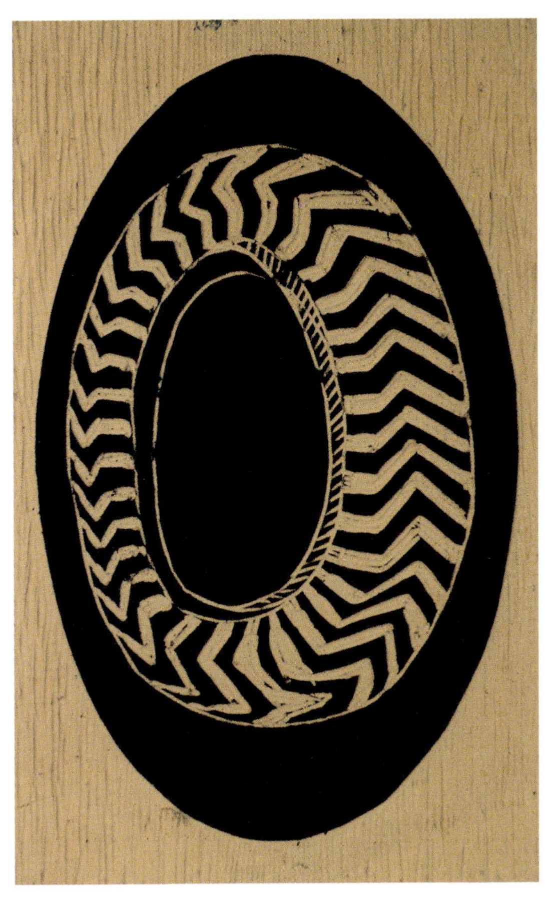

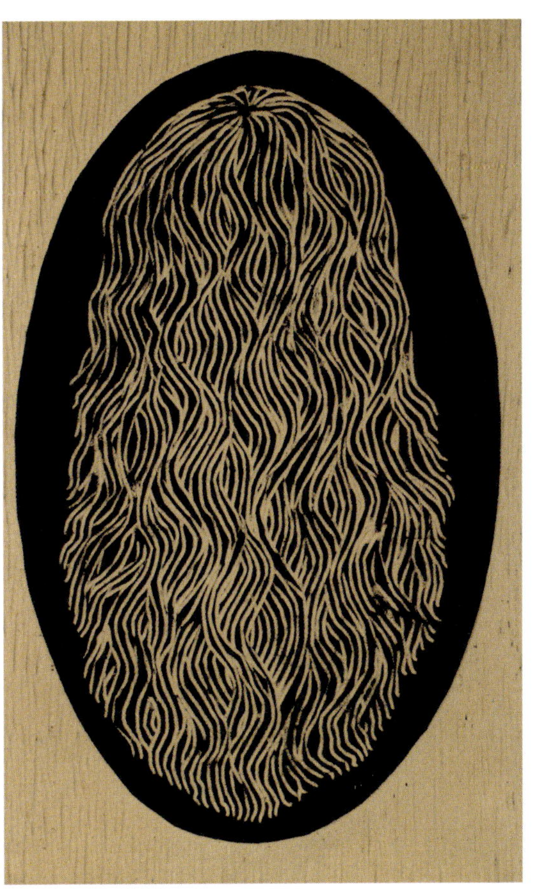

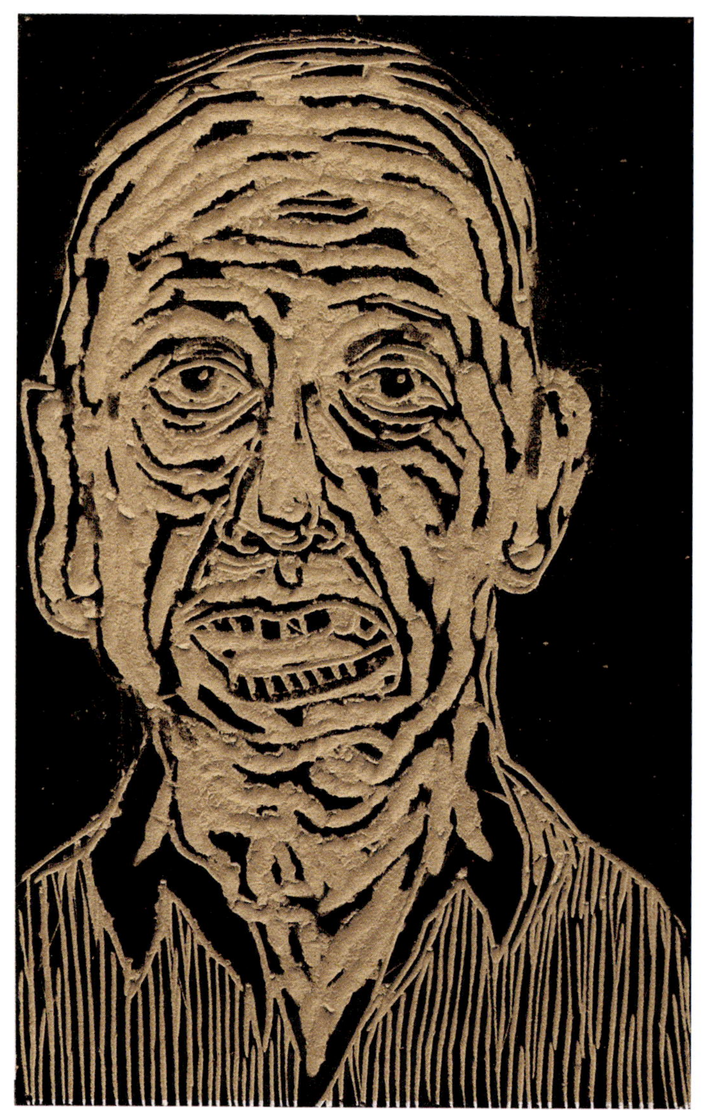

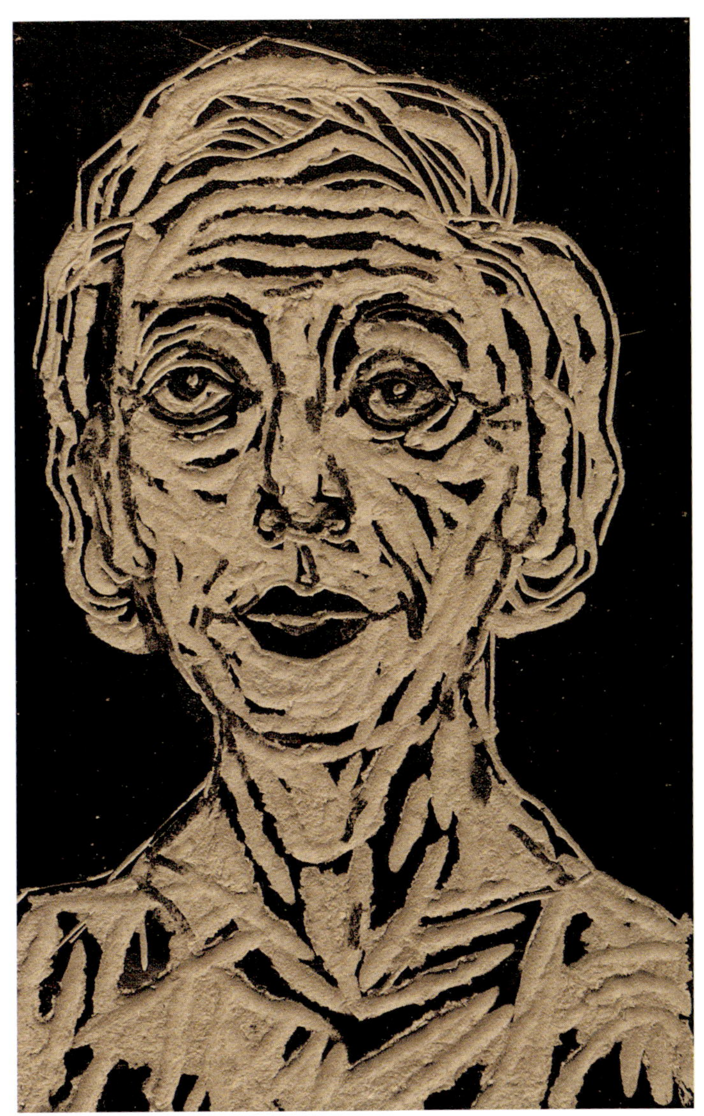

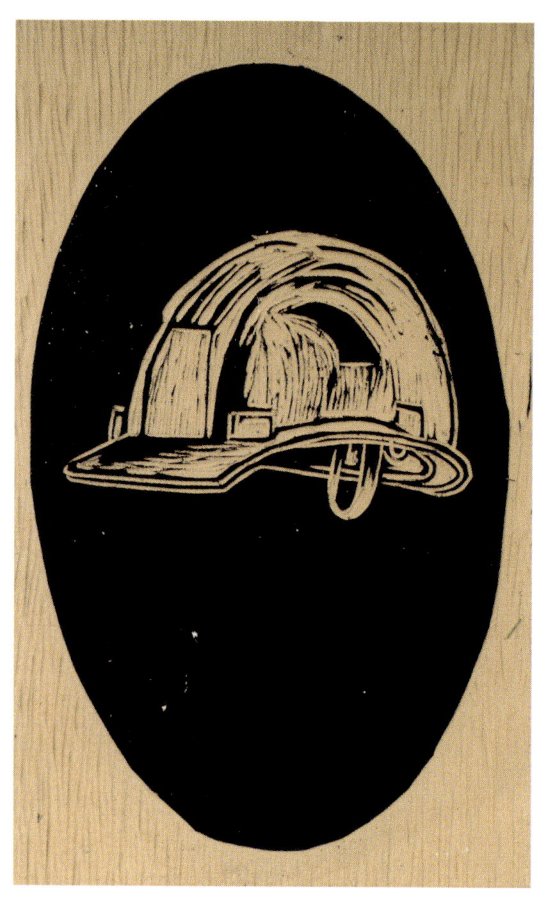

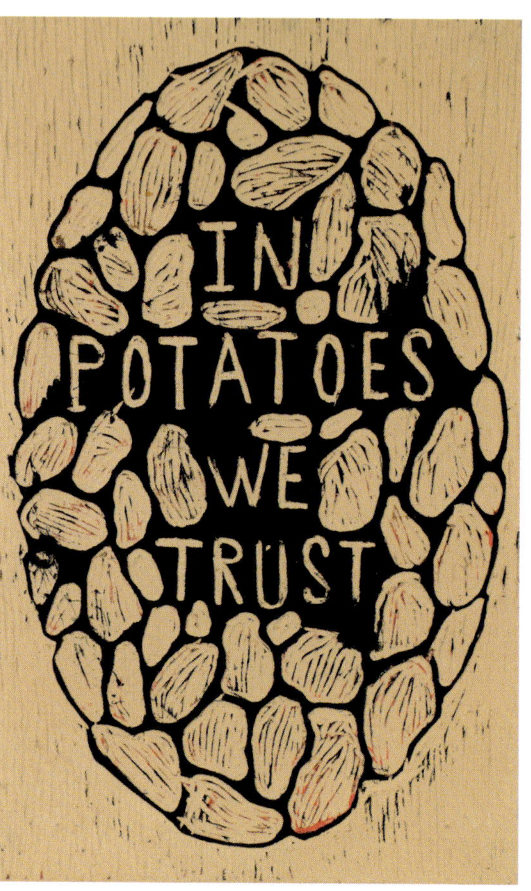
IN
POTATOES
WE
TRUST

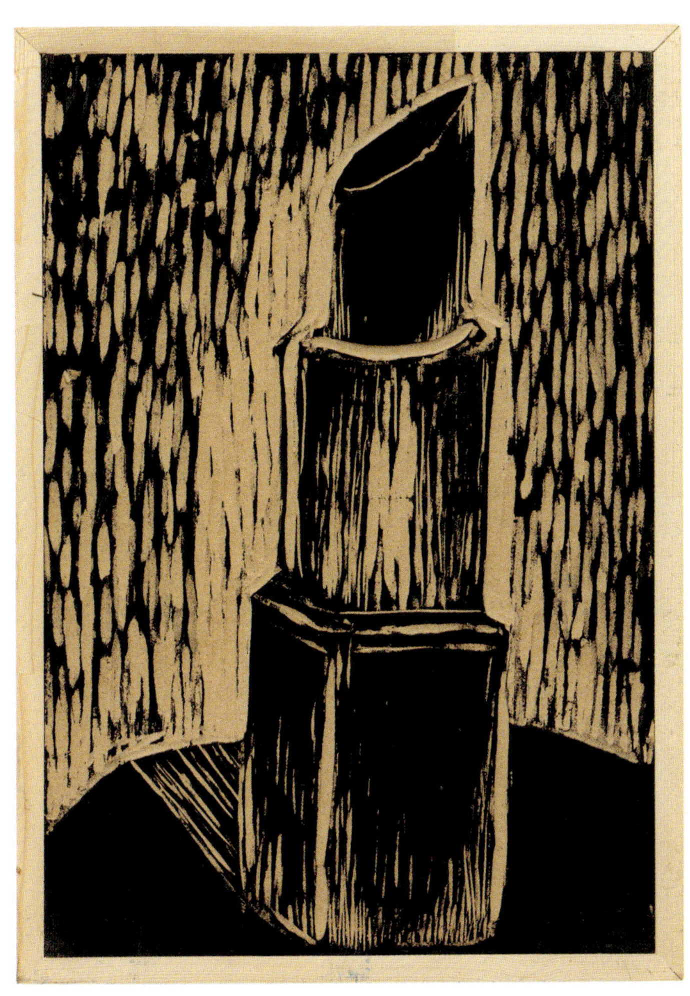

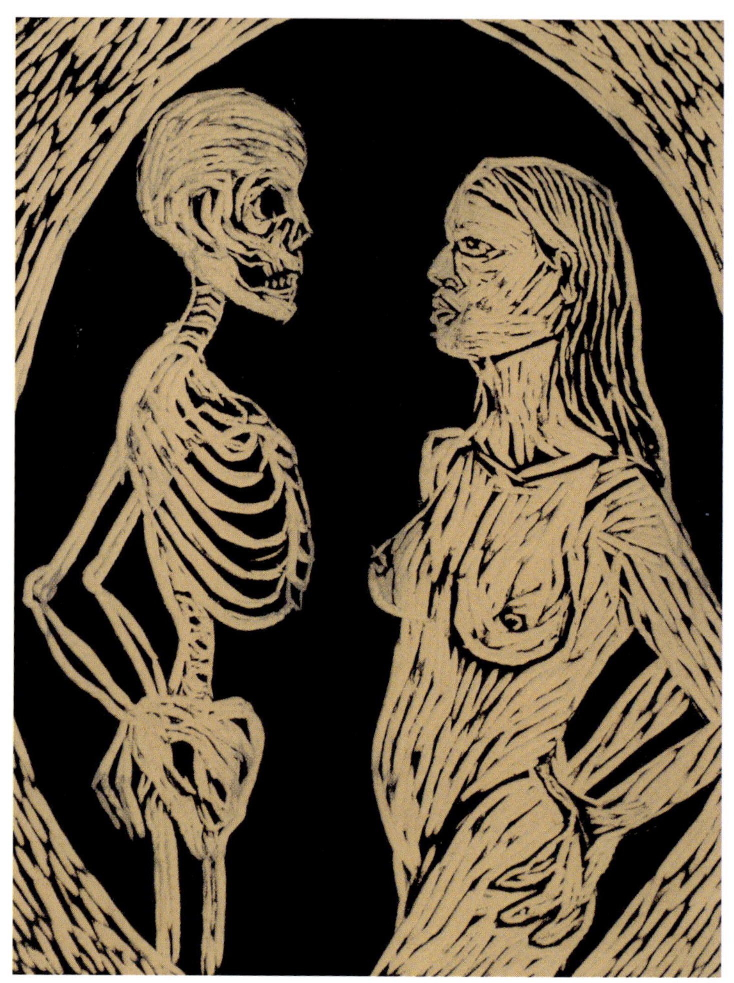

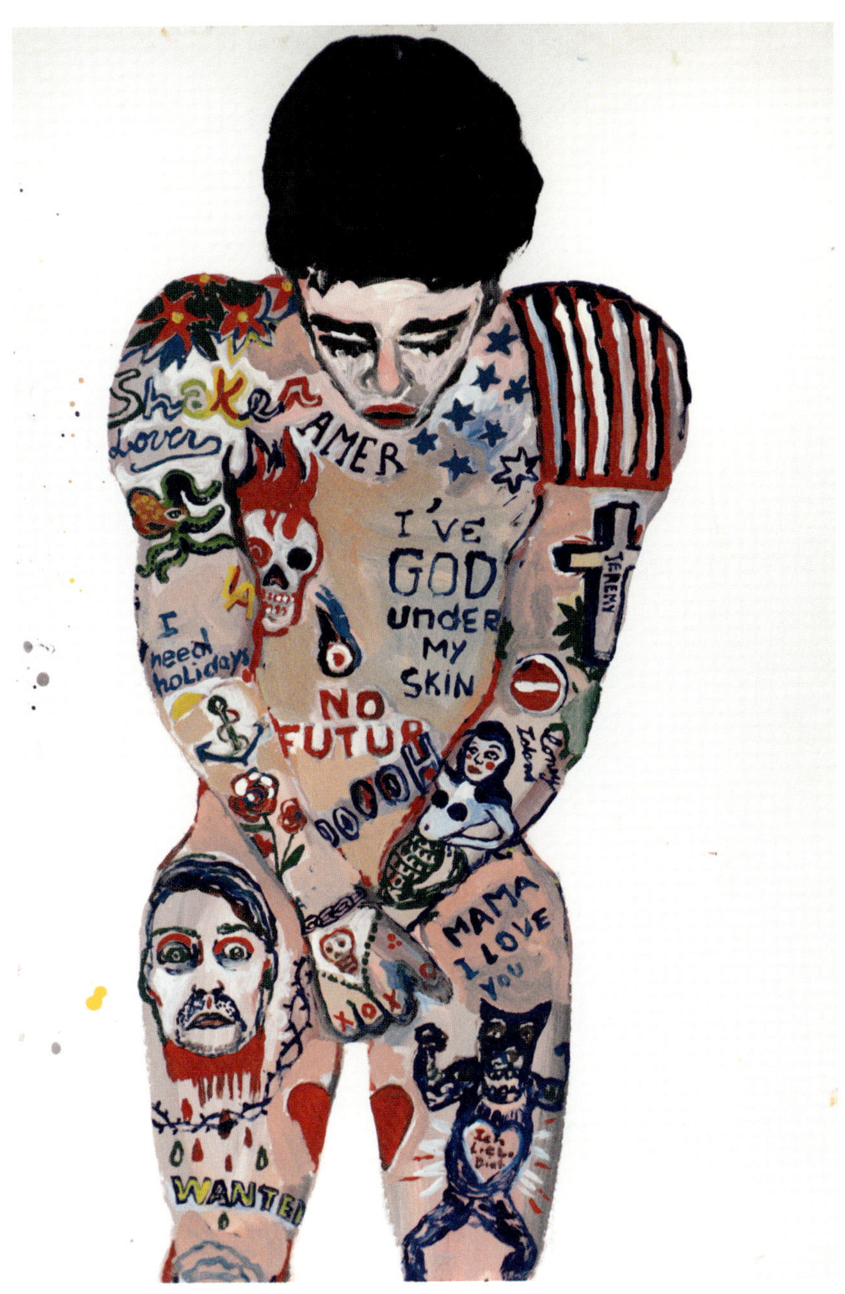
AMER
I'VE GOD under MY SKIN
I need holidays
NO FUTUR
JEREMY
MAMA I LOVE YOU
WANTE

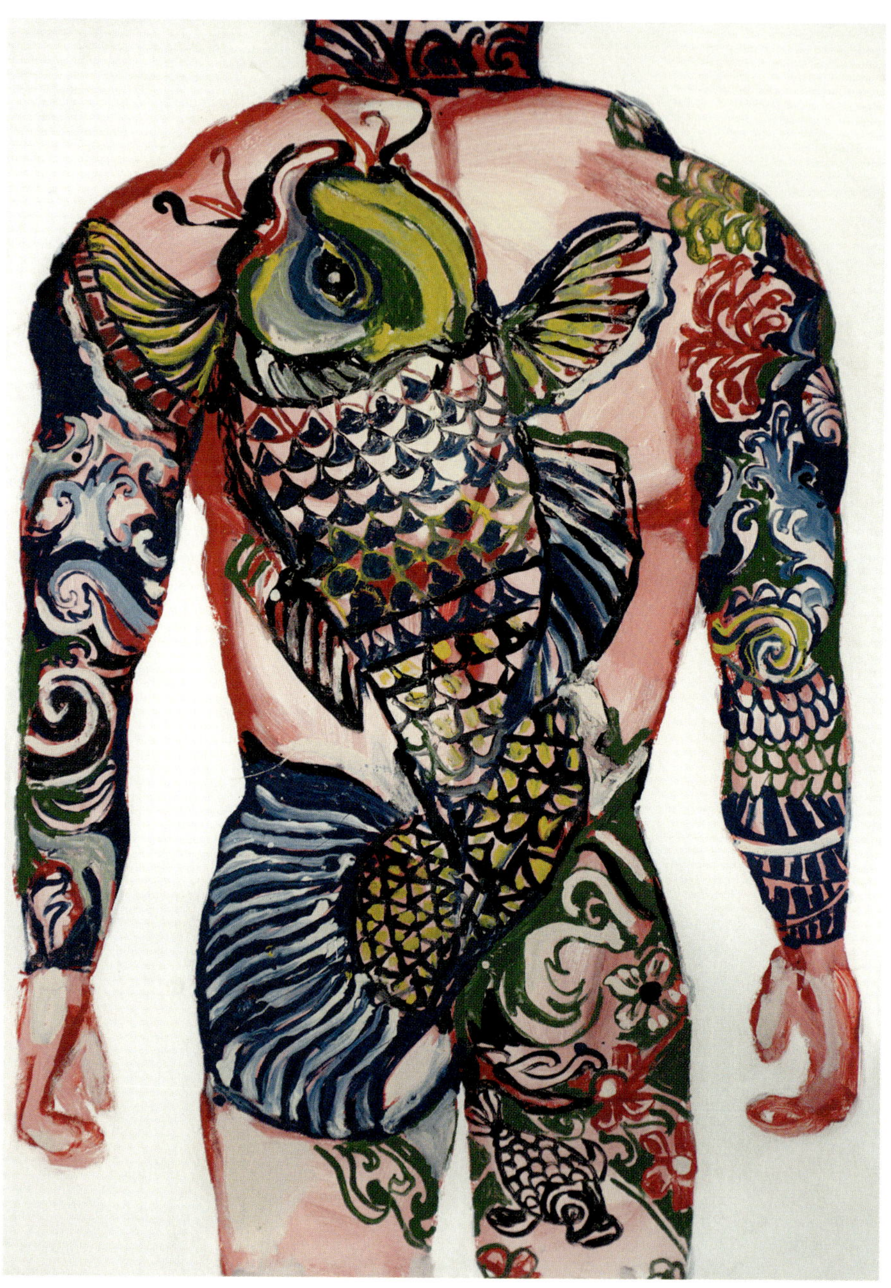

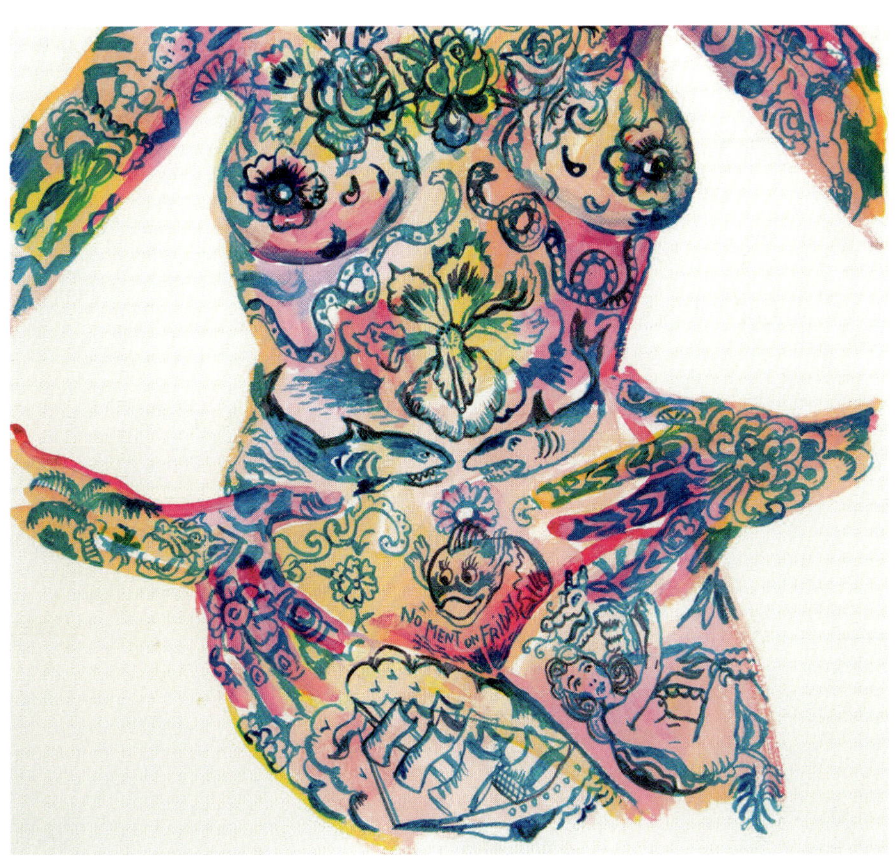
NO MENT ON FRIDAY

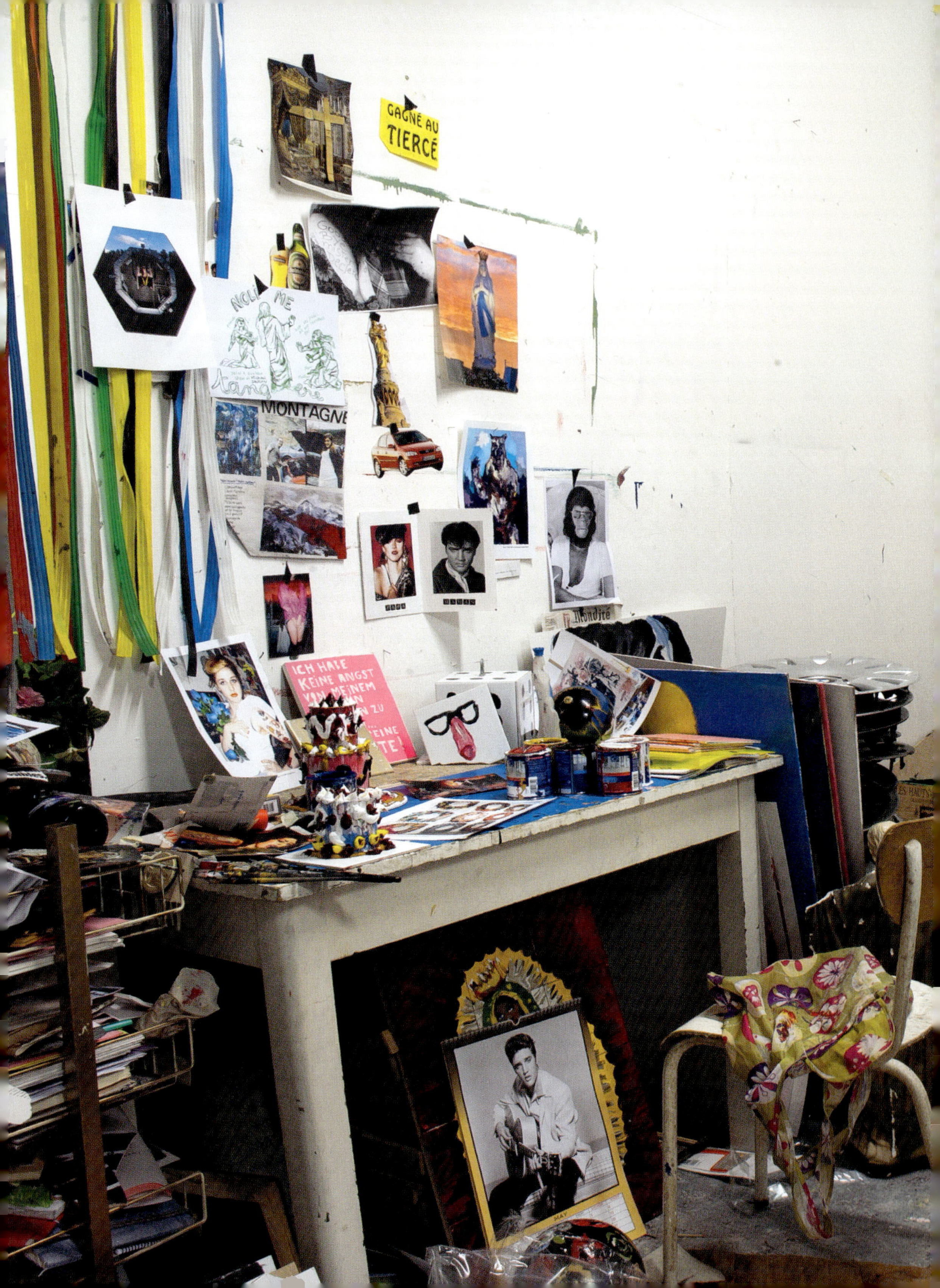
GAGNÉ AU
TIERCÉ
NOLI ME
tangere
MONTAGNE
ICH HABE
KEINE ANGST

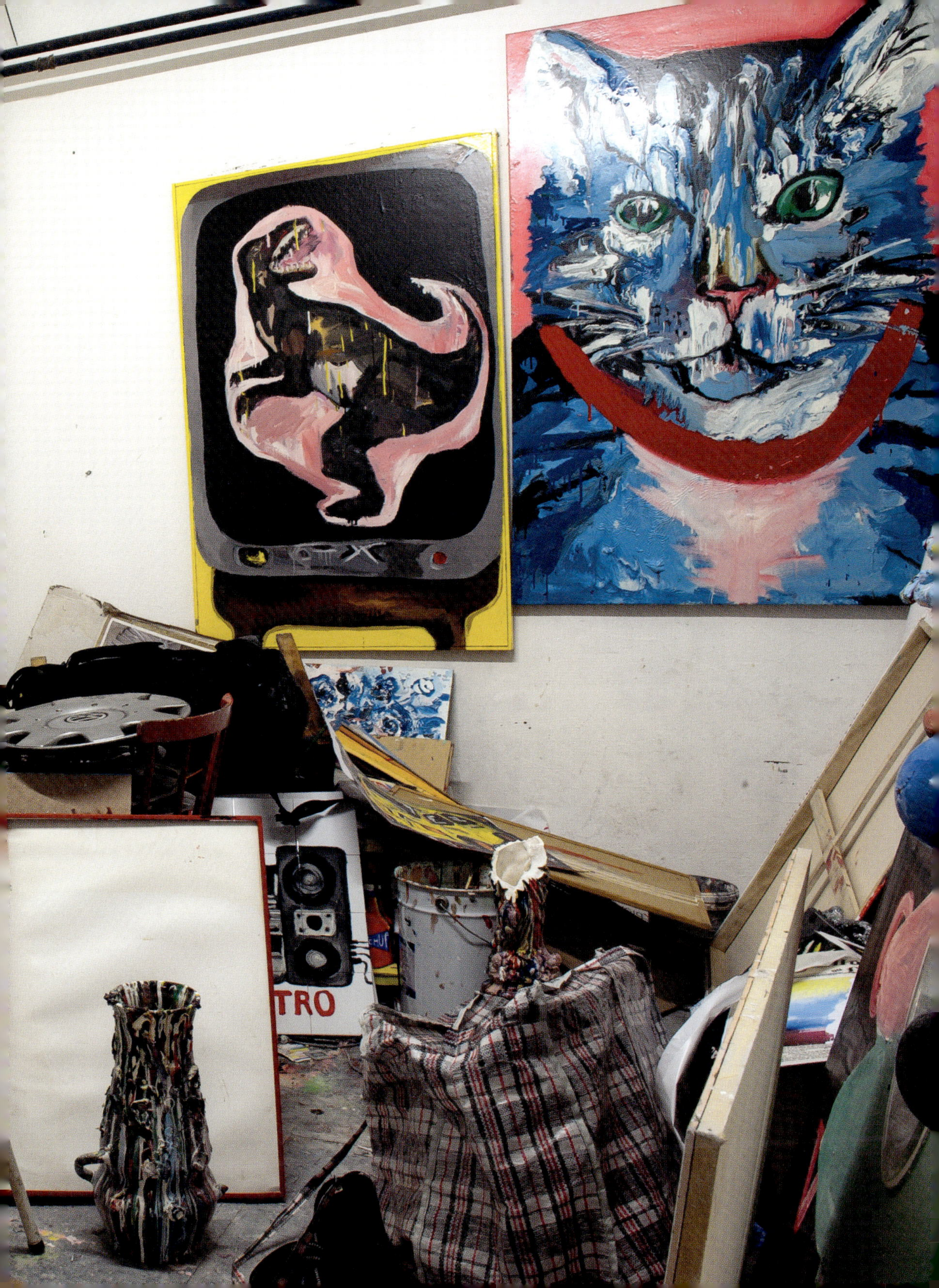
TRO

Née en 1985, **Manon Bara** est une artiste française, diplômée de l'ENSAV La Cambre, Bruxelles et des Beaux-Arts d'Angers. Elle a aussi été en résidence à l'Académie des Beaux-Arts de Dresde en 2006-2007. Depuis 2015, parallèlement à sa vie d'artiste, elle enseigne la peinture à l'École supérieure des Arts ARTS² (arts au carré) à Mons.

Sélection d'expositions

2022	*Mauvaise graine*, résidence, Le Vecteur, Charleroi
2020-2021	*Love my Way*, collection de Queen Kong Gang au Villa Noailles Shop, Hyères
2019	*Faces*, expo solo Mathilde Hatzenberger Gallery, Bruxelles
2016	*Knot Knot Fluxus Art Projects*, Londres
2015	Résidence d'artiste à l'ISELP, Bruxelles
2013	Résidence d'été Otto-huset Culture House, Finnøy, Norvège
2010	*Mit Dir In Mir*, avec Piotr Baran, galerie B2—, Leipzig
2010	*Figure de l'imposture*, La Sorbonne, Paris
2009	*I Don't Fucking Know What to Do*, galerie Anton Weller, Paris.

Workshop

2016	Workshop et rencontre avec Gérard Garouste. Cinq semaines au BAM de Mons, dans le cadre de l'exposition, avec les étudiants d'ARTS².

Avec les textes de Benoît Dusart, critique d'art dans *L'art même* et curateur de l'espace d'exposition Incise à Charleroi, et de Hans Theys, historien d'art et écrivain.

Born in 1985, **Manon Bara** is a French artist who graduated from the ENSAV La Cambre, Brussels, and the Beaux-Arts, Angers. She was in residence at the Kunstakademie Dresden in 2006-2007. In addition to her life as an artist, she has been teaching painting at the École supérieure des Arts ARTS² (arts au carré) in Mons since 2015.

Selection of exhibitions

2022	*Mauvaise graine*, residency at Le Vecteur, Charleroi
2020-2021	*Love my Way*, Queen Kong Gang collection at Villa Noailles Shop, Hyères
2019	*Faces*, solo exhibition Mathilde Hatzenberger Gallery, Brussels
2016	*Knot Knot, Fluxus Art Projects*, London
2015	Artist-in-residence at l'ISELP, Brussels
2013	Summer residency Otto-huset Culture House, Finnøy, Norway
2010	*Mit Dir In Mir*, with Piotr Baran, gallery B2—, Leipzig
2010	*Figure de l'imposture*, La Sorbonne, Paris
2009	*I Don't Fucking Know What to Do*, gallery Anton Weller, Paris.

Workshop

2016	Workshop and meeting with Gérard Garouste. Five weeks at the BAM in Mons, in the context of the exhibition, with the students of ARTS².

With the texts of Benoît Dusart, art critic in *L'art même* and curator of the exhibition space Incise in Charleroi, and Hans Theys, art historian and writer.

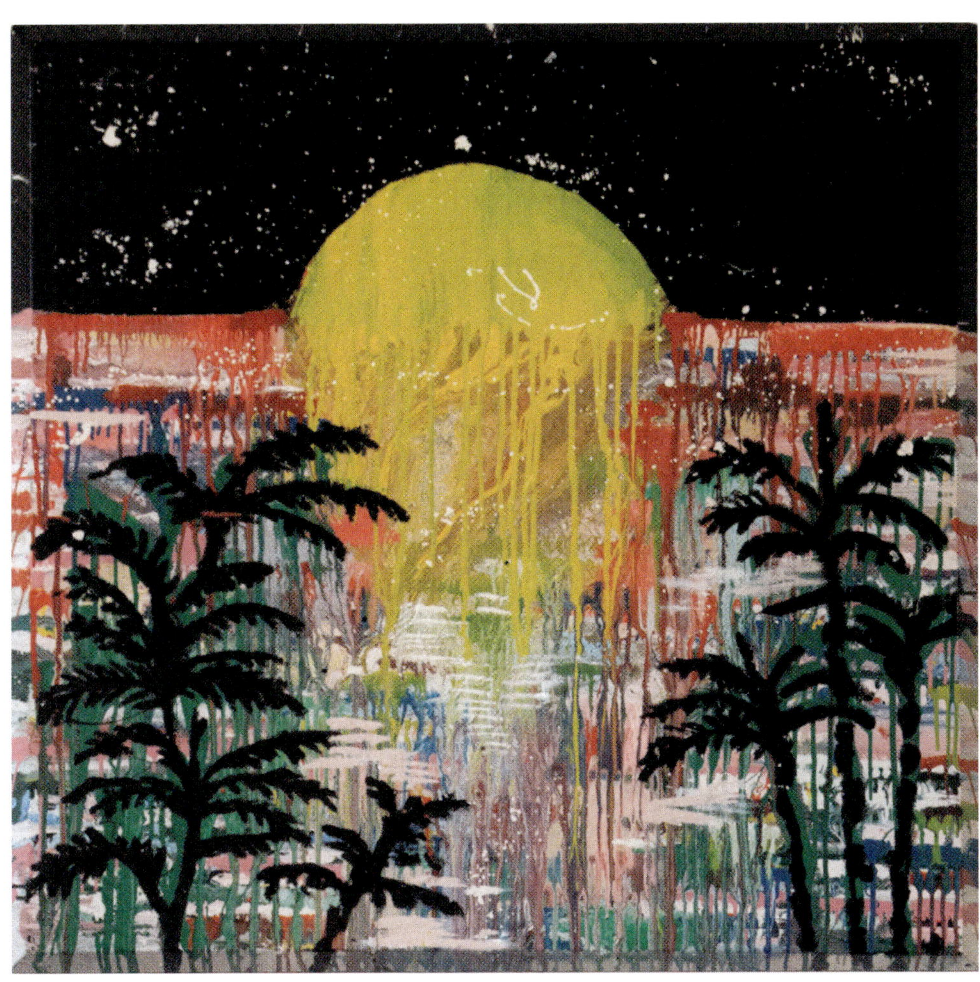

Légendes

Couverture : *Deux poires*, peinture laquée sur papier, 50 x 50 cm, 2013

p. 2 : *Autoportrait*, peinture laquée sur toile, 150 x 165 cm, 2019

p. 5 : *Mon beau cochon !*, encre sur papier, 30 x 42 cm, 2018

p. 9 : *Carne tremula, en chair et en os*, peinture laquée sur toile, 50 x 50 cm, 2016 [O. D.]

p. 10 : *Femme au bord de la crise de nerf*, peinture laquée sur papier, 50 x 70 cm, 2012

p. 11 : *Femme au bord de la crise de nerf*, peinture laquée sur papier, 50 x 70 cm, 2012

p. 12 : *Femme au bord de la crise de nerf*, peinture laquée sur papier, 50 x 70 cm, 2012

p. 13 : *Femme au bord de la crise de nerf*, peinture laquée sur papier, 50 x 70 cm, 2012

p. 14-15 : *Cendrillon cagole*, peinture laquée sur toile, 30 x 40 cm (5x), 2020

p. 16 : *Vacances, j'oublie tout*, peinture laquée sur papier, 50 x 70 cm, 2012

p. 17 : *Orage, ô désespoir*, peinture laquée sur toile, 80 x 100 cm, 2021

p. 18 : *Construction d'un empire*, peinture laquée sur toile, 70 x 100 cm, 2016 [O. D.]

p. 19 : *Petit avion d'anniversaire*, peinture laquée sur toile, 30 x 40 cm, 2020

p. 20 : *Grande forêt magique*, peinture laquée sur toile, 100 x 100 cm, 2021

p. 21 : *Étangs rouges d'Ixelles*, peinture laquée sur toile, 50 x 50 cm, 2021

p. 22 : *Forêts lumière jaune*, peinture laquée sur toile, 50 x 70 cm, 2021

p. 23 : *Aux bouleaux*, peinture à l'huile sur toile, 40 x 40 cm, 2021

p. 24-25 : *Montagnes roses et vertes*, peinture laquée sur toile, 60 x 120 cm, 2020

p. 26-27 : *Montagnes rouges*, peinture laquée sur toile, 17,5 x 140 cm, 2020

p. 28 : *Cosmonaute*, peinture laquée sur toile, 70 x 100 cm, 2016

p. 29 : *Sacrée pisseuse*, peinture laquée sur toile, 100 x 150 cm, 2015

p. 30 : *Pisseuse, l'originale*, peinture laquée sur toile, 110 x 160 cm, 2010

p. 31 : *Vanité universelle et intemporelle*, peinture laquée sur toile, 50 x 50 cm, 2019

p. 32 : *Pietà sur fond vert*, peinture laquée sur bois, 100 x 120 cm, 2011

p. 33 : *Pietà en feu*, peinture laquée sur bois, 100 x 120 cm, 2011

p. 34 : *Petite bombe 1*, peinture laquée sur toile, 30 x 40 cm, 2019

p. 35 : *Petite bombe 2*, peinture laquée sur toile, 30 x 40 cm, 2019

p. 36 : *Méduse ou champignon ?*, peinture laquée sur toile, 50 x 70 cm, 2018

p. 37 : *Petite bombe 3*, peinture laquée sur toile, 30 x 40 cm, 2019

p. 38 : *Champignon rouge*, peinture laquée sur toile, 70 x 100 cm, 2020

p. 39 : *Les femmes viennent de Vénus*, peinture laquée sur toile, 80 x 110 cm, 2020

p. 40 : *Grand-mère*, peinture laquée sur toile, 60 x 60 cm, 2016

p. 41 : *La saveur de la pastèque*, peinture laquée sur toile, 40 x 50 cm, 2017

p. 42-43 : Vues de l'exposition solo *Faces*, galerie Mathilde Hatzenberger, Bruxelles, 2018

p. 44-45 : *Jumeaux masqués*, peinture laquée sur toile, 80 x 100 cm (2x), 2018

p. 46-47 : *Afghans*, peinture laquée sur toile, 40 x 50 cm (2x), 2017

p. 48 : *Grands-pères pairs*, peinture laquée sur toile, 30 x 40 cm (2x), 2016

p. 49 : *Grand-père*, peinture laquée, 30 x 40 cm, 2016

p. 50-51 : *Grand-mères toujours belles*, peinture laquée sur toile, 50 x 70 cm (3x), 2016

p. 52-53 : *Les vieilles mains*, peinture laquée sur toile, 30 x 40 cm (2x), 2015 [O. D.]

p. 54 : *Cheval écorché*, peinture laquée sur toile, 60 x 80 cm, 2012

p. 55 : *Mascarade*, peinture laquée sur toile, 60 x 80 cm, 2020

p. 56-57 : *Écorché*, peinture laquée sur toile, 80 x 100 cm, 2018

p. 58 : *Maison noire au ventre rouge*, peinture laquée, 90 x 120 cm, 2013

p. 59 : *I've got God under my Skin*, gravure sur bois, 100 x 120 cm, 2013

p. 60 : Vue d'atelier avec *Les larmes du Christ*, peinture laquée sur plâtre, 120 x 50 cm, 2020

p. 61 : *Couronne de fleurs*, peinture laquée sur toile, 50 x 50 cm, 2010

p. 62 : *Still Alive*, gravure sur bois, 60 x 60 cm, 2019

p. 63 : *Bouquet de pieds*, gravure sur bois, 30 x 60 cm, 2019

p. 64-65 : *Michael Ange*, retable ouvert, gravure sur bois peinte, 160 x 240 cm, 2013

p. 66-67 : Manon Bara dans son atelier, photographie, 2020

p. 68 : *J'ai vu un dinosaure dans la télé*, peinture laquée sur toile, 90 x 150 cm, 2009

p. 69 : *Tout un rayon*, peinture acrylique sur bois, 30 x 60 cm (3x), 2010

p. 70 : *Le temps coule comme un robinet ouvert*, peinture laquée sur toile, 30 x 40 cm, 2020

p. 71 : *C'est l'heure ?*, peinture laquée sur toile, 50 x 50 cm, 2020

p. 72 : *Le doigt dans l'œil*, peinture à l'huile, 30 x 40 cm, 2021

p. 73 : *Sale menteur*, peinture laquée sur toile, 30 x 40 cm, 2021

p. 74 : *Famille de singes*, peinture laquée sur toile, 80 x 100 cm, 2019

p. 75 : *Chien vert*, peinture laquée sur toile, 80 x 100 cm, 2019

p. 76 : *Colère de singe*, peinture laquée sur toile, 80 x 100 cm, 2019

p. 77 : *Croco disco*, peinture laquée sur toile, 90 x 150 cm, 2018

p. 78 : *Manolo perdu*, peinture laquée sur pvc, 50 x 65 cm, 2016

p. 79 : *La sagesse du poulpe*, peinture laquée et huile, 40 x 50 cm, 2020
p. 80 : *Meilleurs profils*, peinture laquée sur toile, 30 x 30 cm (2x), 2016
p. 81 : *Lièvre de chasse*, peinture laquée sur toile, 80 x 100 cm, 2017
p. 82 : *Manon Bara avec masque africain*, photographie, 2021
p. 83 : *Autoportrait masque noir marbré*, peinture laquée sur toile, 40 x 50 cm, 2018
p. 84 : *Autoportrait masque mauve*, peinture laquée sur toile, 40 x 50 cm, 2018 [O. D.]
p. 85 : *Autoportrait masque bleu*, peinture laquée sur toile, 40 x 50 cm, 2018 [O. D.]
p. 86 : *Autoportrait masque noir*, peinture laquée sur toile, 40 x 50 cm, 2018
p. 87 : *Autoportrait masque vert*, peinture laquée sur toile, 40 x 50 cm, 2018
p. 88 : *À l'action*, peinture laquée sur toile, 80 x 100 cm, 2019
p. 89 : *Fétiche contemporain*, peinture laquée sur toile, 80 x 100 cm, 2021
p. 90 : *Le baiser*, gravure sur bois, 50 x 80 cm, 2019
p. 91 : *Au revoir*, gravure sur bois, 30 x 50 cm, 2019
p. 92 : *Tour de Babel*, gravure sur bois, 30 x 50 cm, 2019
p. 93 : *Narcisse*, peinture et gravure sur bois, 80 x 120 cm, 2017
p. 94 : *Pièce montée*, peinture à l'huile sur pot de peinture, 20 cm de hauteur, 2022
p. 97 : *Le plus beau jour de sa vie*, peinture laquée sur toile, 100 x 150 cm, 2011
p. 98-99 : *Pâtés et tartelettes à l'huile*, peinture pure, Ø de 25 cm, 2010
p. 100 : *Pastèque encadrée*, peinture laquée sur bois, 40 x 60 cm, 2017
p. 101 : *Marmite du chef*, peinture laquée sur bois, 40 x 60 cm, 2017
p. 102 : *Suprême moule*, peinture laquée sur bois, 50 x 80 cm, 2016
p. 103 : *Y'a pas de sushis*, peinture à l'huile sur bois, 20 x 25 cm, 2019
p. 104 : *Ail*, peinture à l'huile sur bois, 20 x 25 cm, 2019
p. 105 : *Choux rouge* et *Figue*, peinture à l'huile sur bois, 20 x 25 cm (2x), 2019
p. 106 : *Kiwi*, peinture à l'huile sur bois, 20 x 25 cm, 2019
p. 107 : *Motte de beurre*, peinture à l'huile sur bois, 20 x 25 cm, 2019
p. 108-109 : *Dans le même panier*, peinture à l'huile, installation, 200 x 250 cm, 2019
p. 110 : *Belle plante et son modèle*, peinture à l'huile sur toile, 70 x 100 cm, 2018
p. 111 : *Champignons bolets*, peinture à l'huile sur toile, 30 x 60 cm, 2020
p. 112 : *Champignons fin du monde*, peinture à l'huile sur toile, 50 x70 cm, 2020
p. 113 : *Sous les jupes des filles*, peinture à l'huile sur toile, 40 x 40 cm, 2020
p. 114 : *Ce qu'il reste, ça sent le sapin*, Vitrine, Incise, Charleroi, 250 x 400 cm, 2016
p. 117 : *Le regard des gens*, Vecteur, Charleroi, 21 x 29,7 cm, 2021
p. 118 : Vestes *Queen Kong*, dessins à la main, Vecteur, Charleroi, 200 x 250 cm, 2021
p. 119 : Robe de mariée tatouée, Vecteur, Charleroi, 100 x 200 cm, 2021
p. 120-121 : Gravures, exposition *Mauvaise Graine*, Vecteur, Charleroi, 21 x 29,7 cm (4x), 2022
p. 122-123 : *Usine à rêves*, peinture sur textile, Vecteur, Charleroi, 200 x 600 cm, 2022
p. 124 : *Blue jeans white shirt*, détail textile *Queen Kong's at Ping Pong*, 2014
p. 125-126 : Texte de Manon Bara, *Kermesse*, résidence à l'ISELP, Bruxelles, 2015
p. 127 : *Tapis tigre*, gravure sur bois, 120 x 120 cm, 2013
p. 128 : *Tatouage russe*, gravure sur bois, 150 x 150 cm, 2010
p. 129 : *Ex-voto Roue et Toison*, gravure sur bois, 60 x 100 cm (2x), 2014
p. 130 : *Grand-père*, gravure sur bois, 30 x 60 cm, 2012
p. 131 : *Grand-mère*, gravure sur bois, 30 x 60 cm, 2012
p. 132 : *Ex-voto Casque* et *Potatoes*, gravure sur bois, 60 x 100 cm (2x), 2014
p. 133 : *Magic stick*, gravure sur bois, 44 x 64 cm, 2019
p. 134 : *La jeune fille et la mort*, gravure sur bois, 60 x 100 cm, 2013
p. 135 : *Grand tatoué de face*, peinture laquée sur papier, 80 x 120 cm, 2017
p. 136 : *Grand tatoué de dos*, peinture laquée sur papier, 80 x 120 cm, 2018
p. 137 : *Fragment de corps tatoué*, encre sur papier, 35 x 35 cm, 2012
p. 138-139 : Bouillonnement d'atelier avec dinosaure et grand chat bleu, photographie, 2010
p. 141 : *Couché de soleil hallucinant*, peinture laquée sur toile, 100 x 100 cm, 2012
4e de couverture : *Tartelette à l'huile*, peinture pure, Ø de 25 cm, 2010

[O. D.] = Original détruit

Crédits photographiques & collections

Colette Baillou : p. 30.
Manon Bara : p. 18, 19, 102, 103, 104, 105, 106, 107, 108-109, 110, 112 et 113, 125-126.
Philippe Branckaert : p. 9.
Marie Noëlle Dailly : p. 114.
Tom Darmstaedter : p. 111.
Tom De Ley : p. 117, 120-121, 122-123.
Mathias Launois : p. 118-119.
Dominique Libert : p. 66-67, 82.
Theo Markovic : p. 2, 42-43, 75.
Renaud Schrobiltgen : p. 17, 20, 31, 32, 33, 34, 35, 36, 37, 39, 55, 58, 59, 61, 62, 63, 68, 69, 70, 71, 73, 78, 79, 80, 81, 88, 89, 93, 97, 100, 101.
Andy Simon : p. 19, 21, 22, 23, 24-25, 26-27, 38, 64-65, 72, 83, 91, 92, 98-99, 124, 133.
Arturo Solis Di Miele : p. 18, 28, 29, 40, 41, 44-45, 46-47, 48, 49, 50-51, 52-53, 56-57, 60, 74, 76 et 77, 127, 128, 129, 130, 131, 132, 134.
Arnaud et Oriane Terlinden : p. 90.
Brice Vandermeeren : couverture, p. 10, 11, 12, 13, 16, 18, 94, 135, 136, 137, 138-139.

Remerciements de l'artiste

Mes remerciements les plus sincères, particulièrement à CFC pour ce livre merveilleux, monographie de 20 ans de peinture, deuxième bébé en 2022 ! Un grand merci à toute l'attention et l'exigence de Christine De Naeyer, à l'œil graphique et l'écoute de Collin Hotermans. À mon amour, Kamal Regbi, qui me donne la force et l'envie d'être la femme que je suis... À notre fille, Inès, née en même temps que ce livre. À ma famille qui m'a toujours soutenue dans mes projets les plus fous et qui a cru à ce destin ! À Hans Theys et Benoît Dusart qui suivent mon travail depuis le début, à leurs textes magnifiques qui accompagnent si bien ce livre. À Philippe Hunt pour ses traductions. À Mathilde Hatzenberger, ma galeriste, pour son engagement professionnel fidèle qui contribue au rayonnement de ma carrière depuis 2016 et à Philippe Demoulin de Peinture Fraîche devenu un ami de la famille. À mon directeur, Philippe Ernotte, qui a cru en moi en tant que professeur d'Arts à Mons, le plus noble des métiers... À tous les amis et photographes qui ont contribué à la qualité de ce livre : Marie Noëlle Dailly, Tom De Ley, Mathias Launois, Dominique Libert, Theo Markovic, Renaud Schrobiltgen, Andy Simon, Arturo Solis Di Miele... Et bien sûr, à tous les collectionneurs qui ont aimablement fourni des reproductions photographiques : merci à Oriane et Colette Baillou, Philippe Blanckard, Tom Darmstaedter, Anaïs Maurin, Arnaud Terlinden. Enfin, à celles et ceux que j'aurais oubliés et que j'aime pourtant...

Colophon

Direction éditoriale & suivi / Editorial Direction & Follow Up
Christine De Naeyer

Traduction [EN] / Translation [EN]
Philippe Hunt

Graphisme / Graphic Design
Collin Hotermans

Relecture sur épreuve / Proofreading
Thomas Keukens

Impression / Printing
Standart Impressa

Ce livre fait partie de la collection *l'impatient* de CFC-Éditions, éditée avec le soutien de la Commission communautaire française, Bruxelles. / This book is part of the collection *l'impatient* of CFC-Éditions, published with the support of the Commission communautaire française, Brussels.

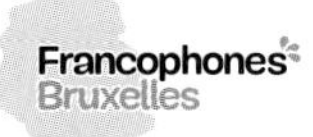

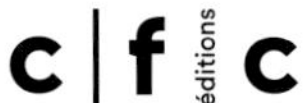

Place des Martyrs, 14
1000 Bruxelles
www.maisoncfc.be

ISBN 978-2-87572-086-3
Dépôt legal / Copyright Registration
D/2023/5165/1